2024年度河北省社会科学发展研究课题

高校"大思政"育人体系构建与实践

苏燕华◎著

燕山大学出版社

·秦皇岛·

图书在版编目（CIP）数据

高校"大思政"育人体系构建与实践 / 苏燕华著.
秦皇岛：燕山大学出版社, 2024. 6. -- ISBN 978-7
-5761-0584-1

Ⅰ．G641

中国国家版本馆CIP数据核字第2024VH6116号

高校"大思政"育人体系构建与实践
GAOXIAO "DASIZHENG" YUREN TIXI GOUJIAN YU SHIJIAN

苏燕华 著

出 版 人：陈　玉	
责任编辑：孙志强	策划编辑：王　宁
责任印制：吴　波	封面设计：武佳伟
出版发行：燕山大学出版社	电　　话：0335-8387555
地　　址：河北省秦皇岛市河北大街西段438号	邮政编码：066004
印　　刷：涿州市殷润文化传播有限公司	经　　销：全国新华书店

开　本：710 mm×1000 mm　　1/16	印　张：12.25
版　次：2024年6月第1版	印　次：2024年6月第1次印刷
书　号：ISBN 978-7-5761-0584-1	字　数：168千字
定　价：49.00元	

版权所有　侵权必究

如发生印刷、装订质量问题，读者可与出版社联系调换

联系电话：0335-8387718

前　言

在当今社会飞速发展的背景下，高等教育不再仅仅是知识的传授和技能的培养，更被赋予了培养德智体美劳全面发展的社会主义建设者和接班人的重任。在这个过程中，高校"大思政"育人体系作为高等教育的核心内容和重要组成部分，承载着重要的历史责任和时代使命。"大思政"育人体系的提出和形成源远流长，其背后凝聚着无数教育家、学者和实践者的智慧。在这个体系中，"大思政"不仅是一种教育理念，更是一种育人方式、育人理念的具体实践。它旨在通过政治理论、思想道德、法律法规等多方位的教育内容，引导学生树立正确的世界观、人生观和价值观，培养他们热爱祖国、担当民族复兴大任的使命感和责任感。

高校"大思政"育人体系的核心在于深化思想政治教育，强化学生思想政治教育的全程全方位覆盖，从而促进学生全面发展。在这个体系中，高校要着力加强对学生的思想政治教育，通过开设相关课程、开展思想政治教育活动等形式，引导学生树立正确的世界观、人生观和价值观，增强爱国主义和社会主义意识，培养勤学、刻苦、严谨的学风，提高学生的思想政治素养和综合素质。然而，当前高校"大思政"育人体系在发展中也面临着一些困境和挑战。一方面，随着社会的不断发展和变革，学生思想观念日益多元化，思想政治教育面临着新的挑战和考验；另一方面，一些高校"大思政"育人体系建设工作存在着不少薄弱环节和短板，亟待加强和改进。

因此，构建高校"大思政"育人体系需要我们共同努力，需要各方面的关心和支持。只有深入贯彻党的教育方针，落实立德树人的根本任务，加强学校对"大思政"育人体系建设的理念和政策支持，提高教师队伍的思想政治素质和专业水平，才能够不断夯实高校"大思政"育人体系建设的基础，推动高校"大思政"育人体系迈上新的台阶，为培养社会主义建设者和接班人作出更大的贡献。

目 录

第一章 高校"大思政"育人体系的概述 …………………… 1
第一节 "大思政"育人体系 ……………………………… 1
一、"大思政"育人理念的提出和形成 ………………… 1
二、高校"大思政"育人体系的基本内涵 ……………… 2
第二节 高校"大思政"育人体系 ………………………… 7
一、高校"大思政"育人体系的内涵 …………………… 7
二、高校"大思政"育人体系相关概念辨析 …………… 10
三、高校"大思政"育人体系的本质特征 ……………… 11
四、高校"大思政"育人体系的沿革 …………………… 14
五、高校"大思政"育人体系发挥的作用 ……………… 17

第二章 高校"大思政"育人体系的思想溯源及时代价值 ……… 25
第一节 高校"大思政"育人体系的思想溯源 …………… 25
第二节 高校"大思政"育人体系的时代价值 …………… 28
一、高校思想政治工作开展 ……………………………… 28
二、思想政治教育学科发展 ……………………………… 34

第三章 当前高校"大思政"育人体系发展现状 …………… 38

第一节　高校"大思政"育人体系发展现状调查情况分析 …… 38
　　一、调查问卷概述 ……………………………………… 38
　　二、调查问卷分析 ……………………………………… 39
第二节　"大思政"育人体系发展的困境 ………………………… 44
　　一、思想政治教育教学满意度不理想 ………………… 44
　　二、网络新媒体思想政治教育建设相对滞后 ………… 50
　　三、全员育人氛围尚未形成 …………………………… 52
　　四、多元化思潮带来的大学生政治观模糊 …………… 56
第三节　"大思政"育人体系存在困境的原因分析 ……………… 58
　　一、高校思想政治教育工作体系忽略了以学生为本的重要性 … 58
　　二、高校各部门工作者的思想政治素质不够高 ……… 61
　　三、互联网技术融入高校思想政治教育进程较慢 …… 65

第四章　构建高校"大思政"育人体系的举措 ……………… 67
第一节　构建"大格局"：建立协同机制，形成教育合力 ……… 68
　　一、贯彻党的教育方针，落实立德树人根本任务 …… 69
　　二、学校对构建"大思政"育人体系的理念和政策支持 …… 72
第二节　写实"大文章"：提高有核心无边界的新媒体思想政治教育
　　　　 能力 …………………………………………………… 74
　　一、打造学科思政平台，共筑育人"同心圆" ……… 74
　　二、提升网络思政功效，占领无形战场 ……………… 78
第三节　展现"大情怀"：创新新形式，把有意义的事做得有意思 … 81
　　一、构建课程思政体系，推进课内全覆盖 …………… 81
　　二、落实日常思政工作，夯实课外主阵地 …………… 83
第四节　美化"大环境"：优化育人软因素，提升思政亲和力 …… 86
　　一、发挥文化思政功能，营造育人软环境 …………… 86

二、网络意识形态安全面临挑战之原因 ……………………… 90

第五节　稳抓"大方向"：做好顶层设计，实现制度创新 ………… 92

第六节　落实"大作为"：精选人才，培育专业化教师队伍 ……… 95

　　一、以师德为第一目标，提升教师综合能力 ………………… 95

　　二、教师队伍职业化、专业化、专家化 ……………………… 97

第七节　创新"大教学"：打破"孤岛效应"，构建课程思政的育人格局 ……………………………………………………………… 105

第五章　高校"大思政"育人体系的实践路径 ………………… 111

第一节　深化改革：健全完善领导体制和工作机制 …………… 112

　　一、加强和改善党对高校思想政治工作的领导 …………… 115

　　二、建立党委统一领导，各部门协同联动的工作机制 …… 118

第二节　完善育人机制：构建"三全"一体化育人体系 ………… 121

　　一、完善育人各岗位的具体实施制度 ……………………… 122

　　二、加强育人各岗位的组织保障 …………………………… 125

第三节　搭建平台：强化高校思想政治工作的平台支撑 ……… 128

　　一、健全完善高校网络思政媒体平台 ……………………… 131

　　二、健全完善思想政治工作研究、咨询、交流服务平台 … 134

　　三、健全完善思想政治工作队伍研修工作平台 …………… 137

　　四、健全完善大学生社会实践基地平台 …………………… 139

第四节　建强队伍：加强教师队伍和专门力量建设 …………… 140

　　一、完善选、培、管制度 …………………………………… 141

　　二、加强师风师德建设 ……………………………………… 144

　　三、完善激励、考核和评价机制 …………………………… 146

第五节　强化监督：压实高校思政工作责任 …………………… 156

　　一、完善高校思想政治工作监督的责任体系 ……………… 157

二、完善高校思想政治工作监督的运行体系 ……………………… 159

三、完善高校思想政治工作监督的评价体系 ……………………… 164

第六节　整合资源：打造家庭社会共同参与的"三全育人"共同体 … 168

一、引导家庭形成符合我国意识形态的价值取向 ………………… 169

二、整合社会多方资源，构建育人大环境 ………………………… 174

参考文献 ………………………………………………………………… 180

第一章 高校"大思政"育人体系的概述

第一节 "大思政"育人体系

一、"大思政"育人理念的提出和形成

高校"大思政"育人理念从提出到发展为育人体系,大致经历了从明确到不断丰富的三个阶段。

第一阶段是 20 世纪 90 年代在教育系统中广泛使用的"三育人"教育理念,可以说这是"大思政"育人理念的起源,它涵盖了以"教书育人""管理育人""服务育人"为主要内容和实施路径的大学生育人体系。它强调教师的教学,学校党政干部的领导、以教育管理和学生管理为主体的管理系统,以及保证学校正确运营的服务体系,同属于育人体系,三方面不可分割、相互支撑,体现了系统育人的思想,在时间和形式上是有机统一的。

第二阶段是继"三育人"后,"四育人"也很快提了出来,二者对大学生的教育教学本质是相同的,但"四育人"内容更加丰富、更具有时代发展特征。其中在中小学教育领域中,通常根据未成年人的特殊性,其强调"活动育人"或"环境育人"。由于不良环境对教育和学生的影响日益显现,"环境育人"成为学校关注和强调的重点,由此它与"三育人"并称为"四育人",并一度成为思想政治教育的主流概念。由于对高等教育社会效能的认识的不断

拓展，高校育人体系的结构也在根据青年群体的特殊性而进行逐步的调整与改善，具体表现为高水平学校越来越重视"科研育人"。由此，在不少高校中，"四育人"体系往往是由"科研育人"与"三育人"相加而形成的教育格局。

第三阶段是在随着学校教育研究和实践探索的逐步深入之后，关于育人体系的认识越来越全面，实践条件越来越好，实践成果也逐步显现。教育部于 2017 年 12 月印发了《高校思想政治工作质量提升工程实施纲要》（教党〔2017〕62 号），将"大思政"格局进一步拓展为"十育人"，要求充分发挥课程、科研、实践、文化、网络、心理、管理、服务、资助、组织等十个方面的育人功能，拓展育人内容、创新育人模式、完善育人机制、优化评价机制、强化实施保障，切实构建"十大育人体系"，并且对实施的内容、载体、渠道和方法进行了规划和设计。从某种程度来说，可以将"十育人"定义为贯彻落实全国高校思想政治工作会议精神具体实践方案。

由此可见，高校"大思政"育人的实践演进，在形式上是由"三育人"到"N育人"的逐步扩展，在实质上，反映出整个教育系统内理论和实践工作者对大学生成长影响因素的认识的不断深化；反映出高校随着社会变化发展而对育人要素"结构—关系"的不断重整；反映出国家和社会对高校人才培养水平和培养能力的要求越来越高。

二、高校"大思政"育人体系的基本内涵

在传统的思想政治教育中，思想政治理论课教学与思想政治工作经常容易各自为政，容易形成"两张皮"的现象。"大思政"育人理念的提出可改善这种现象，提高大学生思想政治教育的统一性和实效性。"大思政"育人体现了思想政治教育的实践性和发展性，也是在思想政治教育工作中，坚持"以人为本"，贯穿于基本课堂课程教学、日常学生生活与课外实践工作中，使学生能够将理论真正付诸实践，从而实现自由而全面的发展。

"高校大思想政治教育观"（一般简称为"大思政"）是相对传统的思想政治教育观而言的，指的是在进行思想政治教育过程中，继承与发展传统思想政治教育优势方面的基础上，从全局的角度，全员、全过程、全方位加强大学生思想政治教育工作的总体规模，把大学生日常生活管理与思想政治教育教学有机结合并形成合力的一种具有创新发展意识的教育模式。其中，全员育人是指高校所有教职工都负有育人的责任，上至学校领导下到辅导员老师在内的全体教职工形成有机教育系统，统一领导、统一规划，提升大学生的综合素质特别是思想道德素养。全过程育人是指在人才培养的各个环节都担负着育人的任务，从大学生跨进校门开始，一直到毕业为止，根据学生各个发展阶段的不同特性，有计划、有步骤地针对背景多样性、个性化差异制定多渠道的教育模式，既要对大学生进行政治、法律知识的理论教育，又要对他们进行理想信念、道德标准的信仰教育；既要使学生具有正确的政治观点和法律观念，又要培养学生树立正确的世界观、人生观和价值观。全方位育人是指充分利用和发挥校内外、课内外、网络内外的各种有效资源育人，充分挖掘和发挥整合各种思想政治教育资源，形成"处处有德育、人人谈德育"的理想状态。

　　"大思政"教育的实质是在教育活动中要遵循社会主义市场经济条件下，根据大学生成长发展规律和认知心理特征，对大学生进行国民教育、爱国教育和素质培养，增强思想政治理论课教学的系统性与主动适应性，帮助大学生做到学与行的统一，并在学习、工作、生活中全面提高自身素质，从而提升思想政治教育的实际效果。"大思政"育人体系的核心在于培养学生坚定的理想信念，这包括政治信仰、人生目标和价值追求。在新时代，学生需要面对复杂多变的社会环境和价值观碰撞，因此，培养学生正确的世界观、人生观和价值观显得尤为重要。体系通过深入的马克思主义理论学习，引导学生认识到社会主义核心价值观的重要性，激发他们对中华民族伟大复兴的信心和热情。同时，通过历史教育，使学生深刻领悟中国革命、建设、改革的伟大历程，从中汲取坚定信念的力量，进而在充满挑战的现实中勇敢前行。在"大思政"育人体系中，培养学生的理想信念也意味着帮助他们建立正确的人生目标。通过深入的职业规划和人生规划教育，学生可以更好地了解自己的兴趣、优势和追求，从而为实现个人价值和为社会作贡献找到有力的动力。此外，体系也强调社会责任感的培养，鼓励学生在实现个人梦想的同时，不忘初心、关爱社会，为国家的发展作出积极贡献。在"大思政"育人体系的实践中，可以通过组织学术讲座、社会实践活动、主题研讨等方式，让学生与优秀的政治家、企业家、学者等面对面交流，深入了解他们的成功经验和坚定信念的源泉。这些实践将有助于激发学生的理想信念，使他们在未来的道路上能够坚定信仰，坚守初心。高校"大思政"育人体系旨在培养学生更高水平的政治素养，使他们在充分了解国家、社会和党的基本路线方针政策的基础上，具备更强的政治敏锐性和政治参与意识。政治敏锐性的培养意味着学生能够敏锐地捕捉到社会、政治变化，深刻理解国家发展的内在逻辑。通过开设时政课程、组织政治热点讨论、引导学生参与相关研究，学生能够更好地把握时事动态，了解国内外的重要政治事件，从而提高对社会问题的分析和判断能力。政治参与意识的培养意味着学生在面对社会问题时，能够积极参与政治活动，为社会的进步和发展贡献自己的智慧和力量。体系可以通过模拟政治决策、社会问题调研等方式，让学生亲身体验政治参与的过程，培养他们的团结协作、沟通表达等综合能力，使其能够在未来的工作中更好地参与政治决策和社会事务。此外，政治素养的培养也包括了培养学生正确的历史观。通过深入的历史教育，让学生了解历史的发展脉络和政治变革，使其能够更好地理解当前国家的发展道路和政策决策的背景。同时，通过对历史事件的深入研究，引导学生从中吸取智慧，避免历史重演，为国家的未来发展提供参考。高校"大思政"育人体系强调培养学生的文化自信，这不仅包括对中华优秀传统文化的传承，还涵盖了对当代文化的创新与发展。在传承方面，体系可以通过课程设置、文化活动等途径，使学生更好地了解中华优秀传统文化的精髓。通过深入的儒释道经典解读，传达中华民族的价值观念、道德规范，引导学生在现代社会中坚守传统美德，形成正面的价值引导；也可以通过文化体验活动，如传统节日庆祝、古典艺术展演等，让学生亲身感受中华文化的博大精深，培养对自身文化传统的自豪感。在创新方面，体系鼓励学生在尊重传统的基础上，勇于思考并积极探索当代文化创新。通过开设文化创新课程、鼓励学生参与文化创意产业，培养学生在艺术、文学、科技等领域的创新思维和创造力。鼓励学生关注当代社会热点，运用自己的专业知识和文化素养，表达对社会问题的看法，推动文化与社会的互动与发展。高校教育体系也应重视跨文化交流与融合，培养学生具备开放包容的国际视野；通过国际文化交流项目、跨文化研究，让学生了解不同文化之间的差异和共通之处，培养他们在全球化背景下的文化适应能力和国际交往能力。高校"大思政"育人体系在文化传承与创新方面的实践，将有助于让学生在传统与现代、本土与国际之间找到平衡，既传承了中华优秀传统文化，又能在创新中为文化的发展贡献力量。与此同时，高校"大思政"育人体系的一个重要目标是培养学生的实践能力，使他们能够将所学知识与思想应用于实际生活和工作中，成为有创新精神和解决问题能力的综合型人才。实践能力的培养需要通过多样化的实践活动来实现，学校可以积极组织学生参与社会实践、志愿服务、实习实训等活动，让他们亲身体验社会的各个层面，了解社会发展的实际情况和问题，通过实践，学生可以将理论知识与实际情况相结合，提升他们的问题分析与解决能力，培养他们的创新精神和创业意识。还可以鼓励学生参与科研项目、学术竞赛等活动，培养他们的科研能力和学术素养，学生可以通过科研实践，深入探究自己感兴趣的问题，锻炼自己的逻辑思维和批判性思维，提高自己的独立思考和创新能力，参与学术竞赛等活动也可以培养学生的竞争意识和团队协作能力，为他们未来的职业发展打下坚实基础。高校"大思政"育人体系的实践能力培养，需要与学科专业紧密结合，使学生既能够掌握学科知识，又能够将其应用于实际中解决问题。

这样的培养将使学生具备更强的综合素质，能够适应不同领域和胜任不同岗位，为国家的发展和社会的进步作出贡献。

高校"大思政"育人体系注重培养学生的人文关怀意识和社会责任感，使他们不仅在个人成长中追求全面发展，也能积极关心社会问题，为社会的和谐稳定贡献自己的力量。人文关怀意识的培养涉及对他人的尊重和关心，体系可以通过心理健康教育、沟通与人际关系课程，帮助学生培养情感共鸣和同理心，使他们能够更好地理解他人的需求和情感，从而在人际交往中更加友善和包容。此外，通过参与志愿活动、社会实践等，学生也能亲身体验关心他人、奉献社会的意义，从而在日常生活中展现出真诚的人文关怀。社会责任感的培养意味着学生在面对社会问题时，能够有担当地参与解决，体系可以通过课程教育和实践活动，引导学生认识到社会的不平等和不公，激发他们改善社会状况的愿望。培养学生的社会责任感也包括教育他们遵守法律法规，弘扬社会公德，从小事做起，积极维护社会秩序和公共利益。高校"大思政"育人体系也应注重全球视野下的社会责任，通过国际交流与合作，让学生了解全球性问题，如气候变化、环境保护等，引导他们认识到人类命运共同体的理念，培养跨国界、跨文化的社会责任感。通过培养人文关怀意识和社会责任感，高校"大思政"育人体系可以使学生在全面发展的基础上，更好地认识社会的需要，用自己的行动影响和改变社会，为构建和谐社会作出积极贡献。高校"大思政"育人体系着重培养学生的创新精神和终身学习意识，使他们具备应对不断变化的社会环境的能力，不断追求知识和智慧的进一步提升。创新精神的培养包括鼓励学生在学科领域和社会实践中提出新思想、新理念，通过开设创新创业课程、组织创新大赛，激发学生的创新意识和创业热情，体系也可以倡导跨学科合作，让学生从不同领域获取灵感，促进创新的交叉融合。此外，鼓励学生勇于尝试、敢于失败，培养从失败中总结经验、再次尝试的勇气，形成持续创新的心态。终身学习意识的培养强调学生持续获取新知识、不断提升自己的意愿，体系可以通过开设学习方法和信息素养课程，教导学生如何高效学习、如何获取和筛选信息，从而使他们在社会中能够自主学习、持续进步，鼓励学生参与学术研究、职业培训、继续教育等活动，培养他们的自我驱动学习能力，使其能够在职业发展中不断提升自己。"大思政"育人体系还可以通过引导学生关注前沿科技、社会变革等，让他们认识到知识的更新速度之快，从而意识到终身学习的必要性。通过学习先进科技、前沿知识，学生可以更好地适应未来社会的发展，为社会的创新与进步作出贡献。在"大思政"育人体系的引导下，学生将不断保持开放的思维，勇于探索未知领域，迎接挑战，实现个人与社会共同发展。综上所述，创新精神和终身学习意识是高校"大思政"育人体系中的重要组成部分，有助于培养具有高度的适应性和创造力的人才。

第二节　高校"大思政"育人体系

一、高校"大思政"育人体系的内涵

进入 21 世纪以后，高等教育得到快速发展，思想政治教育理论与实践也迅猛发展。很多高校理论工作者把大思政作为一种崭新的思想和目标，广泛研究并运用。那么什么是大思政呢？目前国内学术界还未有统一定论，但是基本认同大思政既是历史的课题，又是时代的课题。随着高等教育改革的发展，大思政不断被赋予新的内涵。党的十八大以来，习近平总书记高度重视教育工作，从理论和实践上科学回答了"培养什么人、怎样培养人、为谁培养人"等一系列根本问题，为新时代高校育人工作提供了基本遵循。基于此，本书认为，"大思政"主要指运用社会、政府、高校、用人单位、家庭的合力，调动大学生自我教育的潜力，有效运用组织资源、课程资源、政策资源、人力资源、文化资源等各类资源，将思想政治工作的领导架构、组织架

构、管理体制、队伍建设、机制保障等各方面系统整合，将思想政治教育的"十大"育人体系有机结合，全面落实立德树人根本任务，构建起多元、多维、协同、系统的思想政治教育育人体系。"大思政"格局的特点在于"大"，即社会各方面、高校各方面都积极参与。其核心在"合"，即发挥各方面思想政治教育的最大力量，形成合力。在此基础上，大思政从本质内涵上，可以认为是一种学生为本教育观、一种多维协同工作观、一种必然状态。

（一）高校"大思政"是一种学生为本教育观

思想政治教育是马克思主义人的本质论的具体体现。马克思主义人的本质论为大思政提供了理论价值与实用价值。思想政治教育本质上是做人的思想工作，通过思想引导大学生，影响大学生的观念，进而引导他们的社会行为。2016年，习近平总书记在全国高校思想政治工作会议上强调："思想政治工作从根本上说是做人的工作，必须围绕学生、关照学生、服务学生，不断提高学生思想水平、政治觉悟、道德品质、文化素养，让学生成为德才兼备、全面发展的人才。"[①] 以学生为本就要做到：突出学生的主体地位，充分考虑学生的个性特点，尊重学生的心理需要，营造良好的教育氛围，强化对学生的人文关怀。要坚持以学生为中心，尊重他们的主体地位，遵循学生成长规律和教育发展规律，把握学生的实际需求和思想发展趋势。

（二）高校"大思政"是多维协同工作观

在2016年全国高校思想政治工作会议上，习近平总书记指出："要坚持把立德树人作为中心环节，把思想政治工作贯穿教育教学全过程，实现全程育人、全方位育人，努力开创我国高等教育事业发展新局面。"大思政的多维协同工作观，就是全员、全过程、全方位育人的战略目标。作为高校，要

---

① 教育部课题组. 深入学习习近平关于教育的重要论述[M]. 北京：人民出版社，2019.

从"三全育人"角度加强思想政治教育工作,调动一切教育因素,挖掘校内外一切资源,打造全方位、立体化的教育平台,形成素质培养的"大熔炉",使大学生随时随地获得自身发展所需的资源,实现个人的全面发展。一方面,要形成"党委统一领导,党政共同努力,有关部门通力合作,师生职工积极参与"的全员协作工作格局。加强党委对思想工作的领导,形成学习工作部、教师工作部、保卫处、行政部联合行动的长效机制,实施规范化、制度化的管理。另一方面,营造引导自主学习、鼓励社会实践、做好科学规划的教育氛围,逐步形成入学教育、日常教育、就业教育"三位一体"的就业工作观,帮助学生成长成才。

(三)高校"大思政"是一种必然状态

思想政治教育在不同时代具有不同的特征,思想政治教育的发展应该结合时代背景进行研究思考。新时代,全球化、信息化、矛盾化、多元化影响着国内高校的教育环境和大学生的价值观念。在全国高校思想政治工作会议上,习近平总书记明确指出高等教育的目标是"为人民服务、为中国特色社会主义服务、为改革开放和社会主义现代化建设服务"[①],所以弘扬主旋律、宣传好声音理应成为高校思想政治教育的重要内容。构建大思政格局是新时代的需求,是维护高校意识形态安全的必然要求,更是高校教育发展的必然状态。立德树人是新时代赋予高校思想政治教育的重要使命,是实现高等教育目标任务的根本保证,是培养合格的社会主义建设者和接班人的必然要求。构建大思政格局,才能真正引导大学生成为把握未来、富有朝气、具有时代责任感和历史使命感的新时代接班人。

---

① 张国祚. 深刻把握"四个服务"的科学内涵 [N]. 光明日报,2017-06-30.

二、高校"大思政"育人体系相关概念辨析

(一)高校"大思政"育人体系与思想政治工作大格局

大思政观即"大思政"教育观,它是指从全局的高度和战略的角度对高校思想政治教育工作形成全方位的认识和看法。大思政观主张教育要以生为本、教育主体不仅包括高校全体工作人员,同时还包括政府、家庭和社会;教育方法不能一刀切,而是要根据高校思想政治教育的发展状况和学生的成长规律进行适时的调整和改变。大思政观的形成和发展有与之相适应的哲学思想、工作理念和育人方法——以人为本、德育为先以及"三全育人"(全员育人、全过程育人、全方位育人)。

高校思想政治工作大格局是从全局的高度和战略的角度构建党委统一领导,党政齐抓共管,高校具体实施,家庭社会共同参与协同配合,共同做好大学生思想政治工作的格局。而大思政观是一种从全局的高度和战略的角度对高校思想政治教育工作形成全方位的认识和看法。一定的观点和看法产生相应的格局观,所以说,高校思想政治工作大格局是在大思政观的基础上提出来的,是大思政观的具体体现。

(二)高校思想政治工作大格局与大思政体制

要想搞清楚高校思想政治工作大格局与大思政体制二者的关系首先要搞清楚格局和体制二者的不同。格局主要是从工作运行层面来讲的,是指工作的跨度、方面。大格局即工作运行的方方面面。体制是从组织领导层面来讲的。从这一维度来说,有什么样的格局就需要什么样的体制来保证,也就是说,通过制度的制定、实施和保障才能实现一定范围内的格局。高校思想政治工作大格局是从高校思想政治工作的运行层面来讲的,即高校思想政治工作所涉及的方方面面的工作;大思政体制是从高校思想政治教育的组织和领

导层面来讲的,即高校思想政治工作从中央到地方再到高校的组织领导形式。所以说,高校思想政治工作大格局的构建需要大思政体制来作保障,其是高校思政工作大格局的制度化建设,如果没有与之相适应的大思政体制为高校思政工作大格局的构建作保障,那么高校思想政治工作大格局的构建也将很难实现。

(三)高校思想政治工作大格局与"三全育人"体制

所谓"三全育人",是"全员育人、全过程育人、全方位育人"的总称。"全员育人",是从育人主体方面而言的,具体是指学校的每一个部门和工作人员都有育人的责任,并强调学校育人不是每个部门、每个工作人员独立的育人,而是各个部门各个工作人员要在互相配合的过程中完成自己的工作职责,最终形成一股强大的育人合力;"全程育人",是从育人时间方面而言的,具体是指要将大学生思想政治工作贯穿到学生从开学到毕业之际,而不能仅仅在大学生开学和毕业之际对学生的思想政治工作抓得较为严格,而在中间阶段对学生的思想政治工作重视相对较少;"全方位育人"是从育人空间方面而言的,具体是指要从各个方面和各个维度体现育人的因素,以促进学生的全面发展。"三全育人"体制的本质在于通过领导体制和工作机制的制定和完善来调动社会、学校和家庭等各方面的积极因素,形成"立德树人"的合力。

三、高校"大思政"育人体系的本质特征

高校"大思政"育人体系,既是一种理念,又是思想政治工作的体制,也是途径和方法。说它是一种理念是因为高校"大思政"育人体系是根据其当前格局的实际情况而以理论和概念的形式提出来的,习近平总书记在全国高校思想政治工作会议上的讲话和中共中央、国务院所颁布出台的有关高校思想政治工作方面的文件都是以理念的形式将高校"大思政"育人体系呈现

出来的。说它是思想政治工作的体制是因为它体现了高校思政工作大格局的组织结构和组织方式以及高校"大思政"育人体系的规章制度。高校"大思政"育人体系当中包含了诸多要素,是各种要素共同作用的结果。组织结构、组织方式和规章制度是高校"大思政"育人体系构建必不可少的内在因素。说它是途径和方法是因为与它相关的理论以及其发展能够为我国高校"大思政"育人体系的构建提供一定的理论导向和构建措施,高校"大思政"育人体系的构建可以最大限度地调动各方面的因素共同致力于思想政治工作的开展。不管是习近平总书记在2016年12月7日到8日的全国高校思想政治工作会议上的讲话,还是党中央和国务院于2017年2月印发的《关于加强和改进新形势下高校思想政治工作的意见》,都要求发挥指导思想、社会主义核心价值观、哲学社会科学、思想政治理论课、教师队伍和思想政治工作专门力量的建设、思想政治工作的改革创新、党对高校的领导等各要素的合力作用。

党的领导核心地位在高校"大思政"育人体系中具有深远的影响,这一特征不仅是体现政治性质的象征,更是思政教育的灵魂,党的领导核心地位意味着高校思政教育要与党的中心任务高度契合,在党的领导下,高校教育应当与党和国家的发展目标紧密相连,培养学生的使命感和责任感,使他们能够积极投身到国家建设和社会发展中,为党和国家的事业贡献力量。这种契合性确保了高校思政教育的实际价值和社会影响。党的领导核心地位要求高校思政教育强调政治性,这并不是简单地灌输政治观点,而是引导学生积极参与政治社会化过程,培养他们的政治敏锐性和政治参与能力,高校要教育学生认识到自己在国家政治体系中的重要性,激发他们的公民责任感,推动其积极参与社会公共事务,促进社会的公平和谐发展。党的领导核心地位还强调了党的理论在思政教育中的主导作用。高校思政教育应当坚持以马克思主义为指导思想,将党的理论原则贯穿于教育全过程,这意味着学生要深刻理解并能够运用马克思主义理论解决现实问题,培养他们的科学思维和分析能力,这种主导作用保证了思政教育的学术严谨性和科学性。高校积极吸纳优秀学生党员，为他们提供充足的党性教育和实践锻炼的机会，这有助于培养学生党员的党性修养和领导能力，为党和国家的事业作出更大的贡献。高校思政教育不仅要传授伟大建党精神和中华优秀传统文化，还要弘扬社会主义核心价值观，培养学生的文化自信和爱国主义精神，这有助于确保学生在现代社会中既有坚定的理想信念，又具备文化底蕴和道德品质，这一特征使得思政教育更具针对性、实效性，同时也为培养党和国家的建设者和接班人提供了坚实的理论和思想基础。党的理论教育的主导作用要求高校思政教育不仅仅传授理论知识，还要培养学生的理论思维和创新能力。学生应当深刻理解党的理论，同时能够将其应用于解决实际问题。高校可以通过鼓励学生参与科研项目、学术竞赛和创新实践，培养他们的科学思维和解决问题的能力。

政治社会化的培养要求高校思政教育不仅仅传授政治理论，还要引导学生积极参与社会和政治活动，这意味着学生不仅要理解政治概念，还要实际参与选举、公共事务和社会运动等，从而锻炼他们的政治参与能力和领导潜力。高校要创造一个开放的环境，鼓励学生表达政治观点，参与政治辩论，培养他们的政治自信心。政治社会化的培养需要高校思政教育强调公民责任感，学生应当认识到他们作为公民的责任，包括遵守法律、尊重社会规范、关心社会问题等。高校可以通过课程、社会实践和志愿活动等方式，引导学生关注社会公益，参与社区建设，培养他们的社会责任感。政治社会化的培养还包括了教育学生维护国家核心利益的意识，学生应当明白国家的核心利益是不可侵犯的，要有决心和勇气维护国家的利益。高校思政教育可以通过教育学生国家历史、国际关系和国家安全等方面的知识，培养他们的国家荣誉感和使命感。现代社会是全球化的，学生应当具备国际化的政治观念和社会意识。高校可以开设国际关系和全球政治等课程，鼓励学生关注国际问题，积极参与国际事务，培养他们的国际化素养。政治社会化的培养不仅仅是传授政治知识，更是培养学生的政治参与能力、公民责任感、国家意识和国际视野的过程，这一特征使高校思政教育更具深度和广度，为学生的全面成长和社会发展提供了坚实的政治基础。高校"大思政"育人体系旨在形成全员、全过程、全方位的育人格局。习近平总书记在全国高校思想政治工作会议上指出，"高校思想政治工作关系高校培养什么样的人、如何培养人以及为谁培养人这个根本问题。要坚持把立德树人作为中心环节，把思想政治工作贯穿教育教学的全过程，实现全程育人、全方位育人，努力开创我国高等教育事业的新局面"。高校思想政治工作是一个比较复杂的系统工程，必须多管齐下、综合施策；高校思想政治工作的开展没有完成时，只有进行时，因此要始终将高校思想政治工作贯穿教育教学的全过程；高校思想政治工作不是党政工团、各职能部门、思想政治理论课教师、辅导员、班主任的工作职责，而是全社会、全高校的事情。如果不按照全员、全过程、全方位育人的要求去开展高校思想政治工作，那么高校"大思政"育人体系的实现也将遥遥无期。

四、高校"大思政"育人体系的沿革

调动方方面面的因素，整合方方面面的力量，加强高校的思想政治工作，这是我们党一直以来的思想和主张，特别是自从改革开放以来，我国思想政治教育就面临着包括国际国内两方面的异常复杂的背景和形势，为了面对这一形势，党中央一直在不断努力改进和完善我国高校思想政治工作的工作方法和战略布局。

1978年10月，教育部出台的《关于讨论和试行〈全国重点高等学校暂行工作条例（试行草案）〉的通知》中对高校思想政治工作从指导思想、工作方法、需要处理的关系、教育内容、工作队伍等各方面作出了重要的指示，为我国高校思想政治工作的开展奠定了基础。1981年9月的《关于学位工作和加强学校思想政治教育工作的报告》中提出学校思想政治教育工作不仅需要全党全社会以及学校教育、家庭教育的共同配合，还需要包括理论界、文艺界、新闻界、出版界等各方面密切配合，以此实现学校思想政治教育的育人合力。中共中央在 1987 年 5 月 29 日所颁布的《关于加强和改进高等学校思想政治工作的决定》中指出，我国高等学校要在明确高校办学指导思想，坚持高等教育的社会主义方向的基础上努力改进学校思想政治工作的内容、形式和方法，并加强教职工队伍的思想建设，大力提倡教书育人、服务育人，除此之外还要提高高等学校领导班子的思想政治水平，加强和改善对思想政治工作的指导，最后达到全党全社会共同关心青年学生的健康成长的局面，即党中央和地方党委要切实加强对高等学校的领导，并协调各方面的力量，共同做好高校的思想政治工作。社会其他力量，比如宣传、理论、文艺、新闻界等要经常了解高校学生的思想状况和高校思想政治工作的开展状况，共同协助高校做好思想政治工作。1990 年 2 月 12 日国家教育委员会颁布的《关于做好高等学校毕业生思想政治教育工作的通知》中指出，做好高等学校毕业生思想政治教育工作需要加强领导，动员各方面力量。全国各地方主管毕业生调配的各部门要在党委和政府的带领下，动员各有关部门和新闻宣传单位、用人单位、毕业生家长等各有关方面力量共同做好毕业生思想政治教育工作。各高等学校的领导要协调学校各部门、各方面的力量形成共同致力于高校毕业生思想政治教育工作的局面。

1995 年 11 月 23 日，我国根据教育实际需要颁布试行了《中国普通高等学校德育大纲》（简称《大纲》）。《大纲》中指出："制定本大纲旨在全面贯彻教育方针，全面提高教育质量，加强和改进高等学校德育工作，建立全方位德育格局，形成全员德育意识，增强德育整体效果，提高德育水平，建立和完善有中国特色的社会主义高等学校德育体系。"《大纲》首次提出全员、全方位育人格局，并在其原则中提出整体性原则，我国高校全体教职工都有育人的职责，与此同时，我国高校要运用各种途径和方法充分发挥育人功能，通过人员和工作方法及途径的协调一致，以达到合力育人的目标。1995 年的中国德育《大纲》正式提出高校全体教职工都有参与到德育工作中的责任，并提出我国高校的德育工作不仅要发挥全体教职工的协同配合作用还要挖掘各种有利于实现高等教育德育全面发展的途径和方法，这对我国高等学校实现育人合力起到推动作用。自此开始，我国高校思想政治工作的格局开始了由传统格局向大格局的探索。1999年12月30日《中共教育部党组关于高等学校学习贯彻〈中共中央关于加强和改进思想政治工作的若干意见〉的通知》中指出，加强和改进高等学校思想政治工作要在坚定我国理想信念和党的基本方针和基本路线的基础上，在党中央、地方党委和高校党委的带领下，充分调动和依靠社会各方面因素、学校各部门力量共同做好高等学校思想政治工作。2000年4月6日教育部颁布的《关于加强和改进研究生德育工作的若干意见》中提出，我国高等德育工作包含着研究生德育工作，因此高校党委要重视研究生德育工作并加强领导。我国高校要把研究生的德育工作贯穿于学校教育教学的全过程，贯穿于学校工作的方方面面，以期形成"全员育人、全方位育人"的格局。2004年8月26日党中央、国务院颁布了《中共中央国务院关于进一步加强和改进大学生思想政治教育的意见》（简称中央16号文件）。中央16号文件指出，就现阶段而言，相当一部分地方和高校对大学生思想政治教育工作不够重视，工作方式方法单一且缺乏创新性，从政府到高校到家庭再到社会的思想政治教育合力还没有形成。据此，中央16号文件中提出了加强和改进大学生思想政治教育的基本原则和发展要求，即在坚持教书与育人、教育与自我教育、政治理论教育与社会实践相结合的基础上，充分重视思想政治理论课和其他各门课程的育人功能，与此同时，更要将思想政治教育专门力量和教师队伍的建设贯穿我国高校思想政治工作的发展过程当中，实现学校所有工作人员都担起育人的责任。除此之外，从党中央到各地方党委再到高校党委要加强对学校思想政治教育的坚强领导，并努力构建党委统一领导、党政工团齐抓共管、有关部门各负其责、全社会共同配合的领导体制和工作机制，进而形成全党全社会协力配合的大学生思想政治教育合力。中央 16 号文件加强和改进大学生思想政治教育意见中的内容、原则以及建构措施体现了全员全方位育人的要求，为我国高校思想政治工作新格局的构建提供了理论支撑和智力支持。

习近平总书记在 2016 年 12 月 7—8 日的全国高校思政工作会议上将高校思政工作的构建推向了一个新的高度，正式提出了高校"大思政"育人体系这个概念，并系统阐述了构建高校"大思政"育人体系的要求。习近平总书记从各级党委对高校思想政治工作的领导、思想政治理论课发展的要求、各类课程的育人功能、中国特色哲学社会科学学科体系的建构、网络思想政治工作平台的发展、高校思想政治工作的专门队伍和教师队伍的建设等方面对高校"大思政"育人体系的构建提供了建构要求和建构思路。至此，我国高校"大思政"育人体系这个概念正式确立。

五、高校"大思政"育人体系发挥的作用

构建"大思政"育人体系是为应对当前高校思想政治教育新情况、新问题而进行的积极探索。构建"大思政"育人体系，归根结底是要形成高校思想政治教育的合力，增强思想政治教育的效果。而思想政治教育合力指的是在一定的时间和条件下，各种思想政治教育力量及思想政治教育系统内部各种要素之间的相互联系、彼此作用所产生的综合结果。在高校中，青年学生是受教育的主心骨，青少年阶段是人生的"拔节孕穗期"，最需要精心引导和栽培。把思政教育办得越来越好，我们就一定能培养好担当民族复兴大任的时代新人，培养好德智体美劳全面发展的社会主义建设者和接班人。

（一）真正做到塑造"完整的人"

当今社会的变化对当代大学生的思想产生了很大影响，大学生思想政治教育对于塑造大学生有着极为重要的作用。高校是培养高层次人才的基

地，是进行马克思主义意识形态教育的重要阵地，要确保人才培养质量，确保中国特色社会主义事业后继有人，大学生思想政治教育必须加强三观教育、生命观教育、心理健康教育、职业道德教育、人文教育。这一体系不仅注重学科知识的传授，还强调全面素质的培养，包括道德品质、文化素养、创新能力和领导力等方面。通过教育和实践，培养学生的社会责任感，鼓励他们关心社会问题、尊重多样性并积极参与公益活动，使他们成为具有社会担当的人。同时，体系传递了中国特色社会主义核心价值观，强调坚守正确的道德和社会价值观，有助于学生形成积极向上、充满正能量的价值观，它培养了学生的政治觉悟，使他们更好地理解和应用马克思主义理论，具备正确的政治立场。通过鼓励学生参与各类实践活动，体系也培养了他们的创新和实践能力，使他们不仅具备理论知识，还能将其应用于解决实际问题。对于学生党员，这一体系提供了特殊的培训和锻炼机会，使他们更好地履行党员的职责，成为党的事业的坚强支持者和推动者。综合而言，高校"大思政"育人体系的多重作用旨在培养具备综合素质、社会责任感、正确的价值观、政治觉悟、创新和实践能力的"完整的人"，为社会和国家的发展作出积极贡献。

1. 大学生"三观"教育

"三观"即是指世界观、价值观和人生观，是制约人生行为和方向的三大精神因素，或者说是人生的三大精神动力。大学时期的青年正处于世界观、人生观和价值观塑造的关键时期，帮助他们树立崇高的理想信念，树立起正确的"三观"是高校思想政治教育要完成的重要内容。在高校培养大学生形成正确的"三观"教育过程中，学校要以要求和鼓励大学生以正确的"三观"践行崇高的理想信念，引领大学生寻找自己人生的正确方向。同时要在正确的"三观"引领下，能够提高自身综合素质，在大学期间不断获得成长、不断提高自身综合能力，将所学所知应用到社会中，专注专业领域，"一门心思"在专业上取得突破。虽然当今时代各种文化交流频繁，大学生很容易就受到不同的腐朽思想的影响，高校应在大学生产生错误的思想观念之前或正在形成之时，用正确的"三观"武装其头脑，并引领大学生树立追求远大理想、不断奋斗的做事精神以及爱国主义思想。高校"大思政"育人体系在大学生"三观"教育方面发挥着重要作用。它有助于增强学生的政治觉悟，通过党的理论教育和政治社会化的培养，使学生深刻理解社会主义核心价值观和正确的政治立场，树立起积极向上的世界观。体系强调社会责任感的培养，通过教育和实践活动，激发学生对社会问题的关注，培养他们尊重多样性和参与公益活动的意愿，从而塑造积极的价值观。高校"大思政"育人体系通过文化传承，传递中华优秀传统文化，培养学生的道德品质，强调坚守正确的社会价值观。综合而言，这一体系通过多重途径，全面培养学生的政治觉悟、社会责任感和正确的价值观，对大学生的"三观"教育产生深远而积极的影响。

2. 大学生生命观教育

首先我们要明确大学生的生命观教育的主要目的就是让大学生明白生命的重要性和珍贵性，让大学生感悟并懂得珍惜生命，且能够让自己的生命发光发热。高校在对大学生进行生命观教育中，通过基于生命的有限性进行敬畏教育、基于生命的超越性进行意义教育、基于生命的创造性进行能力教育，即了解人的生命载体和肉体的存在都是有期限的，每个人的生命既不可替代又不可逆转，这就凸显了生命的可贵性。在不断的超越中，点燃生命激情，激发生活活力，提升生命境界，实现生命价值。生命观教育必须立足于大学生个体的生活之中，因为生命是存在的、发展的。"体验是人的生命存在的方式，是人追求生命作用、实现生命价值、焕发生命活力、走向生命超越的方式。"大学生的生命观教育一定要重视培养大学生生命体验情景，让大学生切实体验到生命的各种境况并领悟生命的价值。高校"大思政"育人体系通过党的理论教育和政治社会化的培养，帮助学生形成积极向上的生命观。学生在接受政治觉悟教育的同时，也更容易理解生命的价值和意义，意识到个体的生命与社会发展之间的内在联系。其次，高校"大思政"育人体系注重社会责任感的培养，这对于形塑积极的生命观至关重要，通过参与社会实践和公益活动，学生能够体验到帮助他人和回馈社会的乐趣，这有助于他们形成关爱他人、珍惜生命的观念。与此同时，体系传递了正确的道德价值观，鼓励学生坚守道义和社会公德，这对塑造健康的生命观起到了积极作用。综合而言，高校"大思政"育人体系通过政治觉悟、社会责任感和道德教育等多重途径，对大学生的生命观教育产生深远的影响，帮助他们树立积极的生命观，珍惜生命、关爱他人，为社会和国家的发展贡献更多积极力量。

3. 大学生心理健康教育

心理健康既是一门学科，也是一种实践活动，又是指一种心理状态，探索和研究人的心理健康的形成、发展、变化和规律，是思想政治教育中很重要的一个环节。当前大学生心理健康状况总体向好，乐观向上的学生占主流。但少数学生受多种因素影响，仍存在一定程度的消极心理，比如佛系、丧文化、浮躁、抱怨等。相较往年，教育界探索丰富了更多学生群体的心理健康教育路径，建议高校心理健康教育应顺应新形势，可通过娱乐、音乐的方式进行设计，发挥艺术净化心灵、陶冶情操、完善人格的作用。其他对大学生心理健康的教育有效途径包括：宣传心理健康知识、开设大学生心理健康教育课、开展心理咨询、进行自我教育与自我调节等。大学生心理健康教育的作用不再局限于培养大学生心理素质本身，在高校全方位开展思想政治教育的大环境下，心理健康教育承载的价值也日益丰厚。有研究者认为，高校的心理健康教育与思想政治教育可在长期互动与结合中取得更积极的成效，提升育人实效。高校"大思政"育人体系通过政治觉悟的培养，帮助学生建立积极的心态和情感管理能力，学生在接受党的理论教育时，也更容易理解自身在社会和国家大局中的地位，减轻了焦虑和不安感，有助于塑造积极的心理态度。高校"大思政"育人体系注重社会责任感的培养，这对于心理健康至关重要。通过参与公益活动和社会实践，学生培养了关爱他人和社会的情感，这有助于缓解孤独感和无助感，提升了心理抵抗力。体系传递了正确的道德价值观，鼓励学生坚守道义和社会公德，这有助于塑造积极的人际关系和社交技能，减少了心理压力源。高校"大思政"育人体系的党员学生团队建设也为心理健康提供了重要支持，党员学生通过党组织生活和党课学习，建立了互助和支持网络，有助于共同应对心理困境，减轻了心理负担，为塑造健康的心理提供了重要支持。

4. 大学生职业道德教育

职业道德教育是构建社会主义和谐社会的重要途径，也是高等教育科学发展的重要措施。随着社会经济发展对人才要求的提高以及大学生"就业难"问题的日益突出，大学生的工作态度、职业道德、职业操守的教育问题，也随之成为突出问题。因此，高校在对大学生进行职业道德教育的时候，必须注重时代的变化带来的影响。正确的职业道德教育主要包括以下几方面：第一，以爱岗敬业、艰苦奋斗为基础的职业情感教育；第二，以诚实守信、办事公道为核心的职业道德规范教育；第三，以甘于奉献、服务社会为宗旨的职业精神教育；第四，以遵纪守法、廉洁自律为基本要求的职业纪律教育；第五，以社会主义核心价值观为时代特征的职业操守教育；第六，以加强合作、勇于创新为导向的职业理念教育。高校"大思政"育人体系在大学生职业道德教育方面扮演着关键的角色。此体系通过党的理论教育，帮助学生建立正确的职业伦理观。学生在接受党的理论教育时，也更容易理解职业伦理与社会责任之间的联系，强调了职业操守和社会责任感，注重社会责任感的培养，这对于职业道德的塑造至关重要。通过参与社会实践和公益活动，学生不仅感受到自己在社会中的重要性，还培养了为社会作贡献的愿望，这有助于塑造积极的职业道德观念。体系传递了正确的道德价值观，鼓励学生坚守道义和社会公德，这有助于他们在职场中处理复杂的伦理和道德问题时作出正确的决策，维护职业操守。学生通过党组织生活和党课学习，建立了互助和支持网络，有助于彼此在职业生涯中遵循正确的职业道德标准。

5. 大学生人文教育

早在春秋战国时期,《礼记·学记》中就着重指出,"化民成俗,其必由学","建国军民,教学为先",此即"观乎人文,以化成天下"的人文育人见解。大学生到大学主要干什么?干三件事:学会如何做人;学会如何思维;学会掌握必要的高层次知识与能力。人文素质教育是教学生"学会做人"的教育,在思想政治教育之中至关重要,是促进大学生人性境界提升、理想人格塑造以及个人与社会价值实现的教育,其实质是人格教育。作为素质教育的核心,人文教育在高校教育中起到不可替代的作用。大学生需要人文教育、需要精神营养、需要"亲切而温暖的"人文关怀。高校"大思政"育人体系可以点燃学生对人文精神的热爱,也使学生更容易理解文化、历史和价值观的重要性,扎实了学生的人文素养。这个体系关注社会责任感的培养,这和人文关怀息息相关,照顾弱势群体,关心社会问题,正是对他人的人文关怀的实际行动,也激发了更多的人文情感。体系传递了正确的道德价值观,强调了坚守人文精神和社会公德,这有助于我们在日常生活中更好地体现人文情怀,尊重他人的需求和感受,建立积极的人际关系。高校"大思政"育人体系通过政治觉悟、社会责任感和道德教育等途径,对大学生的人文教育发挥了积极的作用,它帮助我们培养学生深厚的人文底蕴,树立了他们的人文关怀和社会责任感,强化了人文情怀,使高校学生成为充满人文关怀的社会主义建设者和接班人。

(二)融入当代大学生远大理想之中

在庆祝中华人民共和国成立70周年大会的讲话中,习近平总书记指出,"没有任何力量能够阻挡中国人民与中华民族的前进步伐"。沧海横流,方显英雄本色,党的伟大事业都是在斗争中诞生、在斗争中发展、在斗争中壮大的。我们急需担当民族复兴大任的时代新人。

青年群体是我们祖国的未来,更是中华民族的希望,加强对青年群体的政治引领，重要的是要在经济技术发展前提下，能够深刻地发挥思想政治教育的功能，引导广大青年把树立远大理想信念和脚踏实地做事情有机统一起来，激励其在各行各业发挥主力军作用。

在高校思想政治教育过程中，各思想政治教育工作者应时刻坚持正确的政治方向，筑牢当代青年人的思想根基。通过思想政治教育解决好信仰信念问题。在新时代的青年成长过程中，难免会产生各种各样的生活或者思想上的困惑和迷茫，也可能有因为各类新鲜声音的传递导致的动摇和不坚定。此时，高等院校作为青年人教育的主力军，就需要站出来，通过行之有效的思想政治教育方式坚定他们的立场和方向，通过创新改革"大思政"育人模式，将大学生塑造成为政治坚定、思想成熟、科学文化知识和专业知识过硬、德才兼备的合格人才。

习近平总书记指出，"思想政治理论课是落实立德树人根本任务的关键课程"。对当代大学生而言，在学校学习的这段时期，通过思想政治理论课学习政治、了解政治始终是高校思政工作的重点。"大思政"育人要求我们应努力发挥和创新思政课育人优势，引导青年人听党话、跟党走，培塑担当精神，引导广大青年做奋斗者。

（三）育人做到润物无声

新中国成立70周年之际，很多高校开展了"告白祖国"一类的系列活动，生动地展示了"小我融入大我，小家融入大家，青春献给祖国"的主题社会实践的丰硕果实，展示了当代大学生的爱国情感、强国志向、报国行为。这一堂生动的"大思政"课，体现了思想政治教育润物无声的良好效果。

思想政治教育，事关立德树人的根本任务，不能将其仅仅理解为开设一门或几门思想政治理论的知识课程。高校思想政治教育，事关为国家培养下一代有用人才，要融入青少年的终身学习、全方位受教的过程中来看待。坚持用党的创新理论武装头脑，扎根于社会主义核心价值观教育的全过程，无论何时何地,为党育人的初心不能忘、为国育人的立场不能改。

从某种角度来讲,思政教育就是帮助学生认识人生应该在哪用力、如何用心、做什么样的人的一种教育工作,因而必须坚持唯实以求,不能搞花架子;坚持唯效是图,不能走形式。着力推动思政教育改革创新,不断增强针对性、时代感和吸引力,只有将思政铸魂融入素质教育全过程,才能保证在学生的不同成长阶段中,思政教育"不缺席、不掉队"。

高校"大思政"育人体系是育人的一位润物无声的"高手"。它通过党的理论教育,渗透到学生的思想中,潜移默化地塑造了学生的核心价值观,让他们更加懂得尊重、合作、奉献。这个体系更注重社会责任感的培养,无须华丽的辞藻,来自心灵深处的一声温暖的问候,润物无声地温暖了他人的心。它传递了正确的道德价值观,强调坚守道义和社会公德,它并不是通过高调的道德说教,而是通过点滴的行为和言传身教,教导学生做一个道德品质高尚的人。高校"大思政"育人体系以其润物无声的特质,通过政治觉悟、社会责任感和道德教育等途径,悄然影响着高校学子,培养着他们的良好品质和社会担当,成为育人过程中的一位默默付出的功臣。

第二章 高校"大思政"育人体系的思想溯源及时代价值

第一节 高校"大思政"育人体系的思想溯源

高校"大思政"育人体系的思想溯源是多方面的,包括马克思主义教育理论、中国共产党的领导和指导、教育国情与时代要求,以及实践探索和经验总结等。这些思想和实践的交融使得高校"大思政"育人体系具有较为完备的理论基础和实践基础,能够为学生提供全面的思想政治教育和综合素质培养。

马克思主义是高校"大思政"育人体系的理论基石和指导思想。马克思主义是一种科学的社会理论体系,它提出了对社会现象和历史发展的深刻分析和解释,通过对社会存在与社会意识的关系的探讨,揭示了社会经济结构对社会意识形态的决定作用。这为高校"大思政"育人体系的形成提供了基本的思想基础。马克思主义强调阶级斗争和历史唯物主义,认为社会发展是由社会矛盾和阶级斗争推动的,培养学生对社会矛盾和阶级斗争的认识,能够让学生深入理解社会的变革和发展,并为实现社会主义的共同富裕和发展作出贡献。此外,马克思主义还提出了社会主义核心价值观,包括集体主义、奉献精神、社会责任感等。高校"大思政"育人体系通过培养学生的社会主义核心价值观,引导他们树立正确的世界观、人生观和价值观,培养他们成为有社会责任感和创新精神的高素质人才。马克思主义为高校"大思政"育人体系提供了理论指导和思想基础,通过马克思主义的原理和理念,高校致力于培养学生的思想政治素质和社会主义核心价值观,以适应时代的需求和推动社会的进步。

中国共产党的领导和指导与高校"大思政"育人体系的思想源头有着密不可分的关系。中国共产党是中国特色社会主义事业的领导核心,其理论和指导思想对高校思政教育具有重要的影响和指导作用。首先,高校"大思政"育人体系的思想可以追溯到中国共产党的初心和宗旨。中国共产党始终坚持以马克思主义为指导,将人民利益放在首位,致力于实现共产主义的理想,而高校"大思政"育人体系的目标就是培养社会主义建设者和接班人,使学生成为具有坚定理想信念、为人民服务的优秀人才,这一目标与中国共产党的初心和宗旨相一致。中国共产党的思想和指导理念为高校思政教育提供了重要的理论基础,中国共产党的马克思主义理论体系和党的路线方针政策为高校思政教育提供了指导方向。高校"大思政"育人体系通过学习和传承中国共产党的思想理论,培养学生对社会主义核心价值观的认同和坚守,使他们具备正确的政治立场和世界观,为国家和社会的发展作出贡献。与此同时,中国共产党在高校思政教育中也起到督促和指导的作用。党委作为学校的最高领导核心,负责组织和管理高校的思想政治教育工作,确保其符合党的路线方针政策和教育改革的要求。党的各级组织和党员干部也参与到高校思政教育中,为学生提供正确的思想引导和教育指导。因此,高校"大思政"育人体系的思想溯源与中国共产党的领导和指导是紧密相连的。中国共产党的思想理论和领导地位为高校思政教育提供了坚实的基础和指导,确保了高校思政教育与党和国家的发展目标保持一致。

高校的"大思政"育人体系的思想源头与教育改革和现代化建设有着紧

密的联系。教育改革是为了培养适应社会发展和经济转型的优秀人才，而高校的"大思政"育人体系就是在这个背景下崭露头角的。中国特色社会主义现代化建设需要有一大批高素质的人才来推动，所以高校需要培养具备创新能力、实践能力和社会责任感的学生，通过加强实践教育和增加并提高社会实践活动的数量和质量，让学生通过参与社会实践项目、实习和志愿服务等活动，将课堂学习与实践经验相结合，增强解决实际问题和应对挑战的能力，有助于培养学生的创新思维、解决问题的能力以及团队合作和领导才能。教育改革和现代化建设为大学的"大思政"育人体系提供了机会和挑战。我们需要不断创新和完善思政教育，以适应时代的需求。同时，面对社会的变革和多样化的价值观，我们也要引导学生树立正确的价值观，培养他们的国家意识、社会责任感和全球视野。

　　高校"大思政"育人体系的思想溯源与实践探索和经验总结密不可分。思想溯源是指在形成和建立"大思政"育人体系的过程中，所吸收和借鉴的丰富的理论资源和思想遗产。而实践探索和经验总结则是指我们在具体实施"大思政"育人体系的过程中，通过实践探索和经验总结，不断完善和发展这一育人体系。在高校的实际教育教学过程中，通过积极探索和实践各种思政教育方法和手段，根据学生的特点和需求，不断调整和优化育人方案，可以针对学生制订不同的培养方案，使每个学生都能够放大自身的优点，达到因材施教的目的。在这个过程中，经验总结是"大思政"育人体系发展的重要推动力。对实践进行反思和总结，可以总结出一系列有效的经验和教训，形成一套科学的教育模式和管理机制。这些经验包括教学方法、课程设置、学生管理等方面的经验，能够为构建和完善"大思政"育人体系提供宝贵的指导和参考。思想溯源和实践探索以及经验总结相互促进、相互补充。思想溯源提供理论指导和思想基础，而实践探索和经验总结则在实际操作中验证和完善这些理论。实践的经验总结反过来也为思想溯源提供实证和实践的依据，使得"大思政"育人体系能够更加贴近实际、更加有效地发挥作用。总的来说，高校"大思政"育人体系的形成和发展与实践探索和经验总结密不可分。思想溯源提供理论基础，实践探索和经验总结则在实际操作中不断完善和发展这一育人体系。这种相互关系使得"大思政"育人体系能够与时俱进、不断提高，更好地服务于学生的成长和发展。

第二节 高校"大思政"育人体系的时代价值

一、高校思想政治工作开展

高校的"大思政"育人体系在高校思想政治工作中有很多重要作用。首先，它可以为我们提供指导和引领，确保我们的教育目标和价值观与社会主义核心价值观一致。它能够帮助我们培养学生正确的思想、道德素质和社会责任感。通过授课和实践活动，我们可以引导学生树立正确的世界观、人生观和价值观。其次，它注重培养学生的创新能力、批判思维和解决问题的能力，我们希望学生具备独立思考的能力和创新精神，以应对日益复杂的社会挑战，这对新时代的大学生来说是至关重要的。此外，高校的教学目标绝不应该是单单传授书本上的知识，我们也要关注学生的全面发展，我们需要帮助他们培养终身学习的能力和跨学科的综合能力，以适应社会的变化和发展。最后，我们要让学生们掌握良好的社交沟通能力和团队合作精神，培养学生成为德智体美劳全面发展的社会主义建设者和接班人。

（一）社会主义核心价值观的传承和弘扬

高校的"大思政"育人体系在传承和弘扬社会主义核心价值观方面起着至关重要的作用。这一核心价值观以富强、民主、文明、和谐、自由、平等、公正、法治、爱国、敬业、诚信、友善为基石，紧密契合了当今中国社会发展的需求，它通过思想政治理论课程和实践活动，向学生传授社会主义核心价值观的理论知识和实际意义。同时，通过校园文化建设、文化活动和社团组织，学生可以亲身感受到社会主义核心价值观的影响和魅力。此外，高校"大思政"育人体系注重培养学生的实践能力和社会责任感，使他们能够在实际生活中践行社会主义核心价值观。通过社会实践和实习就业等实际经验的积累，学生逐渐理解到社会主义核心价值观对个人成长和社会进步的重要性。最重要的是，该体系通过培养学生的批判性思维和创新能力，引导他们将社会主义核心价值观与实际问题相结合，形成自己的价值观念和行动准则。学生们能够理性思考和正确选择，为社会的发展作出积极贡献。高校的"大思政"育人体系可以通过多种途径，包括教育、实践和思维能力的培养，帮助学生深入理解、积极实践和坚守社会主义核心价值观，为实现中国特色社会主义伟大复兴贡献自己的力量。高校通过构建这一体系，不仅能够为学生提供思想政治教育，更重要的是能够培养学生的社会责任感、使命感和国家意识。这有助于形成全校师生的价值共识，凝聚社会共识，增强国家凝聚力。同时，高校"大思政"育人体系还能够培养具有创新精神的新一代人才，他们能够积极参与社会进步和改革，为国家治理体系和治理能力的现代化提供坚实的人才支持。因此，高校"大思政"育人体系在传承和弘扬社会主义核心价值观方面，不仅有利于学生的成长与发展，更有助于中国特色社会主义事业的持续发展，反映了其重要的时代价值。

（二）培养学生社会责任感和公民意识

高校的"大思政"育人体系对培养学生社会责任感和公民意识有很大的帮助。它通过教育课程和实践活动，可以让学生明白作为社会的一员应该承担社会责任。这就是说，我们要积极组织学生参与公益活动和社会实践，让学生为社会的进步和发展贡献自己力量的同时增强他们的社会责任感和公民意识。"大思政"育人体系还强调了培养公民意识的重要性，学生们要认识到自己是国家和社会的一分子，要尊重法律、遵守纪律，并关心社会问题和参与公共事务。这样的意识有助于树立起公民的自觉和担当精神。并且通过实践教育，参与社会实践和志愿服务，能让学生更加了解社会环境和问题，并培养关心他人、关心社会的情怀。这个体系通过传授社会主义核心价值观，如爱国、公正、法治等，鼓励学生积极参与社会事务，使其认识到自己作为公民的责任和义务，在当今社会，公民的社会责任感和公共意识尤为重要，因为它们不仅影响个体的道德观念，还塑造着社会的和谐与稳定。高校"大思政"育人体系为学生提供了深刻的思想启发和道德引导，使他们更容易理解并积极响应社会问题，通过参与社会实践、志愿服务和社会调研等活动，学生能够亲身感受社会的需求和挑战，从而培养起社会责任感。这有助于塑造学生的公民意识，使他们认识到自己不仅仅是个体，更是社会的一部分，应该为社会的发展和进步承担积极的角色。此外，高校"大思政"育人体系强调法治观念的传承，教育学生遵守法律、维护社会秩序，强化法律意识和法治观念。这有助于培养学生的法治观念和公民合法权益的维护意识，使他们成为守法公民，积极参与社会治理，为构建和谐社会、推动国家治理现代化提供坚实的基础。这不仅有助于学生的个人成长，更有助于社会的进步和稳定，体现了其深远的时代价值。

（三）引导学生树立正确的世界观、人生观和价值观

高校的"大思政"育人体系在引导学生树立正确的世界观、人生观和价值观方面起到了至关重要的作用。该体系通过思想政治教育课程，向学生传授丰富的思想理论知识，帮助他们理解世界的本质和人生的意义。它鼓励学生对不同文化、不同观点保持开放的态度，培养学生广阔的世界观，使他们能够审视问题的多维度和复杂性。它鼓励学生积极探索自我，思考人生的价值和目标。通过引导学生思考人生的意义和目的，这个体系帮助他们树立起

积极向上、追求真理和进步的人生态度，以此来培养学生的人生观。最重要的是，该体系致力于引导学生树立正确的价值观，它通过教育和实践活动，培养学生对道德伦理的重视和尊重他人的意识，这有助于学生树立正义、公平、尊重和责任的价值观，引导他们在行为和决策中遵循正确的道德准则。这样，学生们能够更好地面对挑战，成为具有高尚情操和社会责任感的人，并为社会的进步和发展作出积极贡献。在当今全球化和信息化的时代，学生面临着多元文化的冲击和信息爆炸的挑战。高校"大思政"育人体系通过授予学生坚定的社会主义信仰，帮助他们建立起开放包容的世界观，明白不同文化和观念之间的共存和互补，不仅有助于提升国际竞争力，更有助于促进文化多样性的和谐共融。高校"大思政"育人体系通过强调公平、法治和诚信等核心价值观，教育学生在个人生活和社会互动中坚守道德底线，维护社会的公平和正义，不仅有助于培养学生的社会责任感，更有助于建设和谐社会，减少不公正和腐败现象，提高社会治理的有效性。最重要的是，高校"大思政"育人体系注重培养学生的独立思考能力，使他们能够审视自己的人生目标和价值取向。这一体系鼓励学生勇敢探索、勇敢创新，积极参与社会建设和改革，成为有理想、有担当的时代新人，帮助他们更好地适应多元文化社会、推动社会公平与正义，同时激发他们的创新精神，为社会的可持续发展和国家的繁荣稳定贡献力量，体现了其深刻的时代价值。

（四）注重培养学生的创新能力

高校的"大思政"育人体系在培养学生的创新能力方面功不可没。它是一个独特的教育体系，不仅仅强调知识传授，更注重学生的创造力和创新思维的培养。它通过激发学生的好奇心和求知欲，鼓励他们探索新领域，挑战常规，并且会给学生提供丰富的实践机会，让学生在实际操作中发现问题、解决问题，并提出新的观点和解决方案。这种实践经验不仅仅是对课本知识的应用，更是对学生创新能力的锻炼。在这个体系中，学生们被鼓励参与到团队合作中。通过与他人的交流和合作，学生们学会了倾听、理解他人的观点，并将不同的想法融合到创新中。这样的团队合作培养了学生的沟通能力、协作能力和领导才能，为他们在未来的创新工作中打下了坚实的基础。此外，这个体系还通过引导学生思考社会问题和挑战，培养他们解决问题的能力。它鼓励学生跳出传统的思维模式，挑战现有的局限和约束，寻找创新的解决方案。这种创新思维的培养使得学生们能够应对日益复杂的社会挑战，为社会的进步和发展贡献智慧和力量。在当今世界，创新被普遍认为是社会进步和经济增长的关键推动力，因此高校"大思政"育人体系在引导学生树立正确的世界观、人生观和价值观的同时，也紧密结合社会主义核心价值观，着力培养学生的创新思维和创新能力。这一体系通过鼓励学生积极参与思政研究、社会实践和创业创新等活动，培养了他们的创新精神。高校"大思政"育人体系在提供学生必要的专业知识的同时，更注重培养学生的综合素养，包括创新、创业、领导和团队协作等能力，使他们能够在各个领域中脱颖而出。此外，这一体系也强调了自主学习和批判性思考的重要性，这是培养创新能力的基础。习近平总书记曾指出："创新是引领发展的第一动力。"高校"大思政"育人体系的时代价值在于使学生理解并践行这一理念，激励他们勇于挑战传统观念，积极探索未知领域，为社会和国家的发展带来新的思路和解决方案，这不仅有助于推动社会进步和经济繁荣，更有助于中国在全球舞台上崭露头角，展现了其深刻的时代价值。

（五）鼓励学生形成批判思维

高校的"大思政"育人体系在培养学生的批判思维方面起到了重要的作用。这个体系不仅仅关注学生的知识掌握，更注重培养他们的批判性思维能力。首先，"大思政"育人体系鼓励学生对信息进行深入的思考和评估。它教导学生怀疑和质疑表面现象，不盲从、不轻信，而是经过思考和分析，形成自己的判断。这种批判性思维的培养使得学生们能够更好地识别信息的真伪和偏见，不被误导或误解。其次，这个体系注重培养学生的逻辑思维能力。它教授学生正确运用逻辑和推理的方法，帮助他们分析问题、找出漏洞和推断结论。通过训练学生的逻辑思维，他们能够更好地辨别和解决问题，提出合理的观点和论证。此外，"大思政"育人体系提倡学生主动参与讨论和辩论。它创造了一个开放的学术环境，鼓励学生表达自己的观点并接受他人的挑战。通过与他人的交流和互动，学生们能够不断修正和改进自己的想法，拓宽自己的思维边界。最重要的是，这个体系注重培养学生的独立思考能力。它鼓励学生独立地思考问题，不盲从他人的意见，而是根据自己的判断和价值观来作出决策。这种独立思考的能力使得学生们能够更好地面对复杂的问题和挑战，不受他人的影响，保持自己的独特性和独立性。

（六）关注学生的全面发展

高校的"大思政"育人体系在关注学生的全面发展时，我们可以看到它在多个方面发挥着重要作用。这个体系首先注重培养学生的实践能力，通过参与社会实践、实习和志愿者活动，学生们能够亲身体验社会，了解社会问题，并通过实践锻炼解决问题的能力。这样的实践经历不仅扩展学生的阅历，还培养他们的创新思维、领导才能和团队合作能力。其次，该体系注重培养学生的人文关怀和社会责任感。通过教授社会伦理和价值观，引导学生关注他人，关心社会问题，并培养他们积极参与社会事务的意识。这样的关怀和责任感使得学生们具备关爱他人、关注社会的情怀和行动力。除此之外，该体系还注重学生的个人发展和自我实现。它鼓励学生发掘自己的潜能、追求兴趣，并提供丰富的培训和支持机会。学生们可以参加学术竞赛、艺术表演、创业项目等，发展自己的特长和兴趣，实现个人价值。最重要的是，该体系注重培养学生的思辨能力和创新精神。它鼓励学生思考问题的多样性和复杂性，培养他们独立思考、质疑权威的能力，并通过创新性的思维解决问题。这种思辨和创新能力使得学生们能够面对未知的挑战，勇于探索和创造，为自身和社会的发展带来新的动力。

二、思想政治教育学科发展

高校"大思政"育人体系对思想政治教育学科的发展起到了重要的推动作用。它在整体上促进了思想政治教育学科的提升，此育人体系的实施使得思想政治教育不再局限于传授知识和灌输观念，而是更加注重培养学生的思辨能力、创新精神和社会责任感。通过建立全面、多元的思想政治教育体系，学科的研究和教学得以全面发展。与此同时，"大思政"育人体系为教育体系学科的课程建设和教学方法提供了新的理念和范式，传统的思想政治教育往往以理论知识的传授为主，但"大思政"育人体系强调将思想政治教育融入学生的日常生活和实践中。例如，通过组织社会实践、开展社区服务和参与公益活动等方式，学生能够更深入地理解和应用思想政治教育的理念和价值，从而提高他们的综合素质和社会责任感。此外，"大思政"育人体系对思想政治教育学科的研究与理论创新具有重要推动作用。通过实践的积累和探索，学科研究者能够深入研究育人目标、教育方法和评价体系等方面的问题，提出新的理论观点和研究框架。基于"大思政"育人体系的实践经验，学科研究者可以探讨如何更好地培养学生的创新思维、跨文化交流能力以及社会问题解决能力等方面的问题，从而推动学科的理论创新和发展。

（一）建立全面、多元的思想政治教育体系

高校"大思政"育人体系为建立全面、多元的思想政治教育体系提供了基础和支持。这样的体系不仅能够满足学生对思想政治教育的多样化需求，还能够培养学生的综合素质和社会责任感。通过全面、多元的思想政治教育体系，学生可以接触到各种思想观点、社会现象和价值取向，从而培养开放包容的思维方式和跨文化交流的能力。具体来说主要有以下几点：

（1）多层次课程设置："大思政"育人体系通过多层次的课程设置，涵盖了从基础知识到高级议题的广泛范围。这种多层次的设置充分考虑了学生不同层次、不同需求的特点，满足了他们在思想政治教育上的不同学习需求。

（2）多元教学方法："大思政"育人体系鼓励采用多元化的教学方法，如讲座、讨论、案例分析、小组合作等。通过多元的教学方法，学生可以更好地参与和互动，培养批判性思维、问题解决能力和团队合作精神。

（3）实践与体验："大思政"育人体系强调将思想政治教育与实践相结合，通过社会实践、实习、志愿服务等方式，让学生亲身体验和参与社会实践活动。这样的实践体验有助于学生将抽象的理论知识与实际问题相结合，培养他们的社会责任感和实践能力。

（4）问题导向教学："大思政"育人体系倡导问题导向的教学方法，强调学生在思想政治教育中积极提出问题、探索问题，并通过独立思考和团队合作寻找解决方案。这种教学方法培养了学生的批判性思维和创新能力，帮助他们更好地理解和应对复杂的社会问题。

（5）跨学科融合："大思政"育人体系鼓励思想政治教育与其他学科进行融合，通过跨学科的合作，加强了思想政治教育的广度和深度。例如，将思想政治教育与人文学科、社会科学、自然科学等学科进行交叉融合，可以提供更全面、多元的教育资源，培养学生的综合素养和跨学科思维能力。

（二）思想政治教育学科的研究与理论创新

高校"大思政"育人体系可以推进实践探索与理论创新相结合，"大思政"育人体系注重将理论知识与实践探索相结合，通过实践的积累和经验总结，推动思想政治教育的研究与理论创新。实践活动为学科研究者提供了丰富的素材和案例，可以对实践中出现的问题进行深入研究，提出新的理论观点和方法论。学科研究者可以通过对"大思政"育人体系实施的案例研究，探索不同教育模式、教育方法和评价体系的有效性，从而为思想政治教育的理论创新提供实证研究支持。这样的实践探索与理论创新相结合，使得思想政治教育学科能够更加贴近实际，更加符合学生的需求和社会的变化。"大思政"育人体系鼓励思想政治教育学科与其他学科的合作与交流，促进跨学科研究与理论创新，学科间的合作可以为思想政治教育提供多元化的视角和方法论，促使学科研究者更加深入地思考教育目标、教育内容和教育方法等方面的问题。例如，与心理学、社会学、教育学等学科的合作可以探索思想政治教育对学生心理健康、社会互动和学习动力的影响，从而为思想政治教育的理论创新提供更深入的理解和解释。跨学科合作还可以促进学科之间的知识交流和互补，拓展思想政治教育的研究领域，提供更广泛的研究视野。随着信息技术的快速发展，学科研究者可以探索如何将在线教育、虚拟现实、人工智能等新兴技术应用于思想政治教育领域，从而推动教育模式的创新与改进。例如，通过在线学习平台和教育游戏，学生可以在虚拟环境中参与互动式学习，增强学习的趣味性和参与度。学科研究者可以研究这些新技术对学生学习效果和兴趣培养的影响，为思想政治教育的理论和实践提供创新思路。此外，学科研究者还可以探索与学科特点相适应的评价体系和教学评估方法。"大思政"育人体系注重培养学生的思辨能力、创新能力和社会责任感，传统的笔试评价方式可能无法全面评估学生的综合素质。因此，研究者可以探索基于项目、实践成果、团队合作等多种评价方式，为思想政治教育提供更全面和有效的评价方法。

（三）学科的理论创新和发展

高校"大思政"育人体系对学科的理论创新和发展会有以下几个方面的具体作用：首先，"大思政"育人体系为学科的理论创新提供了新的思考角度和研究对象。它不再局限于传统的教育内容和方法，而是关注培养学生的思辨能力、创新能力和社会责任感。这种转变促使学科研究者重新审视思想政治教育的核心目标、教育价值和教育途径，从而提出新的理论观点和框架。

我们可以探索如何培养学生的批判性思维能力、道德判断能力和全球视野，从而为思想政治教育的理论创新作出贡献。其次，"大思政"育人体系鼓励跨学科合作和知识交流。思想政治教育本身涉及伦理道德、政治理论、社会变革等多个领域，与人文学科、社会科学、自然科学等学科有着紧密的联系。通过与其他学科的合作，学科研究者可以借鉴其他领域的理论和方法，拓宽学科的研究视野，并为学科的理论创新提供新的思路和范式。此外，"大思政"育人体系鼓励学科的实践探索和创新应用。它注重将理论知识与实践活动相结合，通过实际的教育实践来验证和改进理论观点和方法论。学科研究者可以借助实践活动中的案例研究和经验总结，探索新的教育模式、教育方法和评价体系。这种实践探索和创新应用为学科的理论创新提供了实证研究支持，并促使学科研究者从实际问题出发，不断推动学科的发展。

第三章　当前高校"大思政"育人体系发展现状

第一节　高校"大思政"育人体系发展现状调查情况分析

一、调查问卷概述

针对高校的"大思政"育人体系发展现状，笔者设计了一系列的问题来进行问卷调查，整个调查过程使用全匿名的形式，并且通过线上和线下投放的方式获得了大量的第一手结果。问卷投放主要针对三个群体，即高校的学生、高校思政教师、高校非思政教师，其中的部分问题根据不同的目标人群进行了相应的调整。

以下是针对高校学生设计的问卷：

1. 你认为高校思政课程普遍率怎么样？

A. 高　B. 一般　C. 低

2. 你对高校思政课程的满意度如何？

A. 高　B. 一般　C. 低

3. 思政课上你认为专心听讲的人数占比怎么样？

A. 多　B. 一般　C. 少

4. 高校的思政课程对你有没有吸引力？

A. 有　B. 一般　C. 没有

5. 你认为高校非思政课程中思政内容部分占比怎么样？

A. 高　B. 一般　C. 低

6. 你认为高校课程中的思政内容对自身的成长有没有作用？

A. 有　B. 一般　C. 没有

7. 你觉得高校思政课程的重要程度高吗？

A. 高　B. 一般　C. 低

8. 你认为高校的思政课程涉及内容广度高吗？

A. 高　B. 一般　C. 低

9. 你觉得高校课程存在的问题有哪些？

A. 没有问题

B. 内容枯燥

C. 形式单一

D. 教条化，没有实质内容

E. 其他

二、调查问卷分析

在此次问卷调查中，针对收回问卷数量进行统计，其中学生问卷得到1124份，结果如表3-1所示。

表 3-1　高校学生问卷调查结果

问题	选项	人数	占比
1	A	645	0.573843
	B	343	0.30516
	C	136	0.120996
2	A	112	0.099644
	B	234	0.208185
	C	778	0.692171
3	A	90	0.080071
	B	231	0.205516
	C	803	0.714413
4	A	113	0.100534
	B	134	0.119217
	C	877	0.780249
5	A	39	0.034698
	B	97	0.086299
	C	988	0.879004
6	A	211	0.187722
	B	435	0.387011
	C	478	0.425267
7	A	142	0.126335
	B	243	0.216192
	C	739	0.657473
8	A	343	0.30516
	B	432	0.384342
	C	349	0.310498
9	A	74	0.065836
	B	234	0.208185
	C	323	0.287367
	D	353	0.314057
	E	140	0.124555

教师问卷得到 117 份，结果如表 3-2 所示。

表 3-2　高校教师问卷调查结果

问题	选项	人数	占比
1	A	70	0.598291
	B	34	0.290598
	C	13	0.111111
2	A	44	0.376068
	B	53	0.452991
	C	20	0.17094
3	A	23	0.196581
	B	54	0.461538
	C	40	0.34188
4	A	33	0.282051
	B	55	0.470085
	C	29	0.247863
5	A	12	0.102564
	B	43	0.367521
	C	62	0.529915
6	A	71	0.606838
	B	37	0.316239
	C	9	0.076923
7	A	54	0.461538
	B	31	0.264957
	C	32	0.273504
8	A	34	0.290598
	B	21	0.179487
	C	62	0.529915
9	A	43	0.367521
	B	18	0.153846
	C	23	0.196581
	D	22	0.188034
	E	11	0.094017

由此问卷调查发现，高校的思政教育活动中学生满意度很不理想，针对问题 2 对学生的问卷调查结果可得到如图 3-1 所示结果。

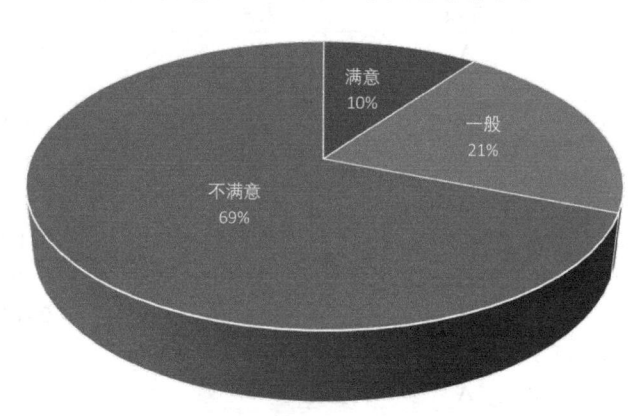

你对高校思政课程的满意度高吗

满意 10%
一般 21%
不满意 69%

图 3-1　高校学生对思政教育满意度调查比例饼图

由上图明显可知，学生对高校思政教育的满意程度仅有 10%，对思政教育的满意程度很低，由此可见"大思政"育人体系发展依旧面临着重重困境。学生对高校的思政教育满意度不高是一个复杂的问题，涉及多个方面的因素。首先，这可能与教育内容和方式有关，一些学生认为思政课程内容抽象、理论性过强，与实际生活脱节，而教育方式过于传统，缺乏互动和参与性，导致学习兴趣不高。此外，思政课程缺乏实践性，大部分学生，特别是理工科的学生希望能够通过实际参与社会活动来理解和应用所学的知识，增加课程的实用性。学生对思政教育满意度不高还可能与思政课程的重视程度不足有关，一些学校和教师可能没有将思政教育视为教育的核心任务，导致教学质量和资源投入不足，使学生感到思政课程在学校整体教育中的地位不高。思政教育与时代发展不符也是一个问题，如果课程内容滞后于社会发展，不能及时反映当今社会和时事问题，学生会感到难以产生共鸣。同时，评价体系不合理也可能影响学生的满意度，如果思政教育的评价方式过于依赖考试成绩，忽略了思政素养的全面培养，可能会导致学生只为了应付考试而学习，而不是真正理解和内化思政内容。最后，学生自身态度问题也需要考虑。一些学生可能对思政教育存在偏见或消极态度，认为它不会对自己的职业发展产生实际影响,因此不重视。解决这些问题需要学校和教师的共同努力,包括改进思政教育内容和方式、提高教师培训和教学质量、更新教材、提供更多互动和参与机会、加强与学生的沟通和反馈等,还需要倡导学生积极参与思政教育,认识到它对个人综合素养和社会责任感的重要性。通过多方合作和改革,可以提高学生对高校思政教育的满意度,确保其能够更好地满足学生的需求和时代的要求。

与此同时,高校教师对高校课程的满意度却呈现出了不同的比例趋势(图 3-2)。

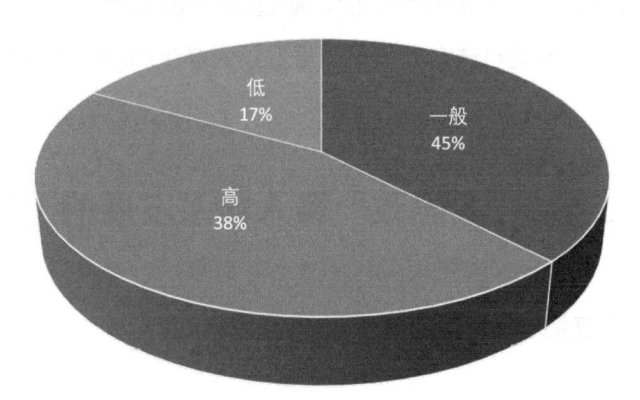

你对高校思政课程的满意度高吗

低 17%
一般 45%
高 38%

图 3-2 高校教师对思政教育满意度调查比例饼图

我们可以清楚地发现,对高校思政教育,教师的满意度远大于学生的满意度,这反映了一个复杂而值得深入探讨的问题。这种差异可能涉及多个因素和不同的视角。从高校教师的角度来看,他们通常将思政教育视为一项重要的社会使命,强调培养学生的思想政治觉悟和社会责任感。这种教育使命感使得教师对思政工作有较高的满意度。此外,高校教师通常能够获得充足的教学资源和支持,包括教材、培训、课程设计等,这有助于他们更好地开展思政教育工作,提高工作满意度,同时,思政教育工作为教师提供了专业发展的机会,包括研究和课程开发,这些机会可以增强教师的职业满意度,使他们感到工作更有挑战性和发展空间。然而，从学生的角度来看，他们可能对思政教育有不同的期望和需求，学生更关注教学体验，包括教学方法、课程内容的吸引力和互动性等，如果课程设计和教学方法未能满足学生的期望，他们可能对思政教育表现出不满。学生通常面临较大的学业压力，他们可能将更多的精力放在学术课程上，而对思政教育产生消极情绪，学生和教师对思政教育的期望和需求差异可能是导致满意度不同的主要原因之一。解决这一问题需要高校综合考虑教师和学生的需求，努力提高思政教育的质量和吸引力，以满足不同方面的期望，这包括改进课程内容和教学方法，增加互动和实践机会，建立更有效的反馈机制，以及更好地满足学生的需求，同时继续支持教师的专业发展和使命感。通过综合考虑各方需求，可以提高整个思政教育体系的效果和满意度，使其更好地为学生和社会发挥积极作用。

第二节 "大思政"育人体系发展的困境

一、思想政治教育教学满意度不理想

根据对学生投放的问卷调查回馈来看，目前很多学生对"大思政"育人体系下的思想政治教育教学满意度仅有10%，主要是教学方面的问题而不是体系的问题，下面是一些导致教学满意度低的原因。

（一）教学内容的单一和僵化

有些思想政治教育教学内容过于单一和僵化，缺乏足够的针对性和实践性，教材和教学大纲可能存在过度强调理论知识，而忽视与实际问题的结合和应用，导致学生对内容的兴趣不高，产生学习疲劳和满意度低下问题。这与当前的高校的教学现状和国情也有关系，高校思想政治教育的内容常常受

到政策法规、教育体制和规范的制约，某些规范要求思想政治教育必须传授特定的理论知识，却忽视了多样化和实践性的教学内容。这样的限制可能导致教学内容相对单一和僵化。而且现在一些思想政治教育教师可能在学科知识和教学方法方面缺乏全面的素养，他们可能更倾向于传授理论知识，而缺乏将实际问题和学生需求结合的能力。同时，高校对思想政治教育所需的教学资源支持有限，限制了教师创新和丰富教学内容的能力，缺乏实践活动、案例研究、实地考察等丰富的教学资源，使得教学内容难以与学生实际经验和社会现实相联系。在某些情况下，教学评估机制过于强调量化指标和结果导向，追求教学成绩和考试成绩的提高。这种评估机制可能导致教师过于关注知识传授，而忽视了培养学生的思辨能力、创新能力和实践能力，进一步加重了教学内容的单一和僵化。教学内容的单一和僵化对高校大思政育人体系的发展产生了深远的影响，尤其在知识传递和思维培养方面，当教学内容过于狭隘和固定时，学生可能会面临以下一系列挑战和局限：首先，过于单一的教学内容可能导致学生知识面的狭窄，大思政育人的目标是培养全面发展的人才，但当教学内容局限于某一特定领域时，学生将无法获得广泛的知识视野，他们可能错过了不同领域之间的联系和交叉点，从而限制了他们的综合素养和思维深度。其次，僵化的教学内容可能抑制了学生的创新思维，创新需要跨越传统领域的界限，而单一和固定的内容可能限制了学生尝试新的思考方式和方法，他们可能缺乏挑战现状、创造新知识的勇气和动力，从而影响了他们的创新潜能的发展。此外，缺乏多样性的教学内容可能降低了学生的思维灵活性，不同领域的知识和观点可以激发学生多样化的思考方式，帮助他们从不同角度审视问题，然而，当教学内容缺乏多元性时，学生可能陷入一种思维定式中，难以拥有跨越学科和领域的灵活思维。另外，单一和僵化的教学内容可能削弱学生的批判性思维能力，批判性思维要求学生对信息进行深入分析、比较和评价，然而，当教学内容缺乏多样性时，学生难以接触到不同的观点和论证方式，这可能导致他们的批判性思维受到限制，无法形成独立、客观的判断。

（二）教学方法的传统化和单一化

一些思想政治教育教师受传统教学观念的影响，认为传统的讲授式教学方法是最有效的方式。他们可能习惯于将知识传授给学生，而缺乏激发学生主动学习和参与的意识和实践，而且在理工科高校内，学生对思想政治学习的不重视会更影响教师教学方法方面的创新，使很多教师只能安于现状。教育制度和评估机制对教学方法的选择和应用有一定的影响。某些教育制度过于注重应试成绩和考核结果，教师为了追求学生的好成绩，倾向于使用传统的讲授式教学方法。这种结果导向的评估机制可能使教师对于其他创新的教学方法感到压力。教师教育与培训在一定程度上决定了他们对教学方法的选择和应用。如果教师在教育背景和培训中未受到多元化教学方法的培养，他们可能难以运用其他教学方法来激发与提高学生的学习兴趣和参与度。教学资源和设施的限制也可能导致教学方法的传统化和单一化。如果高校缺乏适当的教学设施和技术支持，教师很难尝试新的教学方法，例如使用多媒体教具、在线资源等，从而导致教学方法的单一化。学生的学习需求和习惯对教学方法的选择有一定影响。一些学生习惯被动接受知识，对于创新和互动式的教学方法可能缺乏兴趣和参与度，从而使教师倾向于使用传统的教学方法。传统化和单一化的教学方法可能限制了学生的创新能力的培养，创新是社会进步的重要动力，但当教学方法过于固定和传统时，学生可能缺乏主动探索和创造的机会，他们可能更多地处于被动接受知识的状态，无法培养出跨学科思维和创新精神。同时，单一化的教学方法可能影响学生的批判性思维和分析能力的发展，批判性思维要求学生不仅要接受知识，还要对其进行评估和分析，然而，当教学方法只强调传授内容而忽视了培养思考能力时，学生可能缺乏对信息的深入理解和批判性分析的能力。传统化的教学方法可能使学生的学习变得枯燥乏味，影响他们的学习动力和积极性，当教学过程单一、机械，缺乏互动和参与时，学生可能会失去对学习的兴趣，影响他们对知识的主动获取和探索。每个学生都具有不同的学习风格和兴趣爱好，但当教学方法单一时，可能无法满足所有学生的需求，导致部分学生学习效果不佳。

（三）师资队伍的专业化和能力培养

一些高校在师资选拔和聘任方面可能存在各式各样的问题，比如说缺乏对教学能力的评估机制、缺乏教学实践的考量等，会导致师资队伍的专业化和能力培养不足。有些高校可能更注重学术背景和研究能力，而忽视了教学经验和教学能力的重要性。这可能导致教师在教学实践中缺乏足够的专业素养和教学技能。一些高校在师资培养和教育方面投入不足，缺乏系统性和长期性的培训计划，师资培养的课程和内容可能过于理论化，缺乏与实际教学相结合的实践环节，这种情况下，教师难以获得足够的教学技能和专业知识，会限制他们的专业化和能力培养。有些高校可能缺乏教师职业发展的机会和制度，导致教师难以持续提升自身的专业能力和教学水平。缺乏教学研究项目、教学交流和合作的平台，教师难以深入研究教学方法和教学创新，限制了他们的专业化发展。并且现在高校的思想教育教师数量相对来说比较少，所以教师可能面临巨大的教学工作量和压力，使得他们难以投入足够的时间和精力进行专业化和能力培养。师资队伍的专业化和能力培养不足可能导致教育质量的下降，教师如果缺乏深厚的学科知识和教育专业素养，难以将复杂的理论知识生动地传递给学生，将影响学生的学习效果和兴趣。教育不仅仅是传授知识，还要培养学生的创新能力、批判思维、沟通能力等综合素养，如果教师不能提供多样化的教学方法和实践机会，学生的能力可能无法得到全面培养。缺乏专业化的师资队伍可能导致教育内容的单一化，教师无法将多个学科领域的知识有机融合，限制了学生对跨学科问题的综合分析能力和创新思维能力的提高，可能会影响学生的成长，学生需要在教师的引领下培养正确的价值观、人生观和社会责任感，但如果教师缺乏相关的培训和教育情怀，学生的人格发展可能受到限制。高校大思政育人体系的一个重要目标是培养具有社会责任感和公民素养的人才，然而，师资队伍的专业化和能力不足可能影响他们在课堂上引导学生积极参与社会实践和公益活动，从而影响社会合格公民的培养。

（四）教学资源和支持不足

目前大部分高校会面临财政压力和有限的资源投入，教育资源包括教学设施、教材、教学技术支持和教学研究经费等方面，特别是在理工科高校内，有限的经费更多地会向实验设施等部分倾斜，在这种情况下，如果高校的财政投入不足，就会限制教学资源的提供和更新，从而影响教学质量和多样化。一些高校可能缺乏现代化的教学设施和技术支持，无法满足教学需要。例如，缺乏多媒体教室、实验室设备、图书馆资源以及在线教学平台等，这限制了教师开展创新的教学活动和学生的学习体验。高校对思想教育教师的培训和发展计划、教学指导和咨询等服务目前存在很大的问题，缺乏这样的支持体系会使教师难以获得专业发展的支持和指导，限制教学质量的提升。教学资源不足可能导致教育质量下降，缺乏丰富的教材、案例和实践机会，教师难以为学生提供具有深度和广度的教育体验，影响他们的学习效果和综合素养的培养。同时，缺乏多样化的教学资源和支持，可能导致学生的学习兴趣降低，参与度不高，教育应该激发学生的积极性和主动性，但当学习资源有限时，学生可能感到乏味，不愿意积极参与课堂和学术活动。过程应该是师生互动、知识共享的过程，但缺乏足够的资源支持，教师难以与学生进行深入的交流和讨论，限制了互动的深度和广度。"大思政"育人体系强调跨学科的综合素养培养，但缺乏跨学科的教学资源和支持会影响教育目标的实现，教师难以为学生提供多学科交叉的教育内容，学生可能难以培养综合性的思维和能力。学生的兴趣和学习方式各异，教育应该注重个性化培养，然而，缺乏足够的资源和支持，教师可能难以满足每个学生的个性化需求，限制了教育的针对性和灵活性。

（五）学生参与意识和态度的差异

高校学生参与意识和态度的差异可能有多种原因。首先，学生的个体差异是一个重要因素，包括他们的背景、兴趣和价值观等方面。每个学生都有独特的成长经历和生活背景，这将影响他们对思想政治教育的认知和态度。一些学生可能对思想政治教育具有浓厚的兴趣，积极主动地参与其中，而另一些学生可能对此缺乏兴趣或认为其无关紧要。其次，学生的教育背景和所处的社会环境也会对他们的参与意识和态度产生影响。来自不同地区、不同学校的学生可能在接受思想政治教育方面有不同的经历和教育背景。一些学生可能在家庭和社会环境中受到了良好的思想政治教育，对其重要性有深刻理解，因而更加关注和参与。而还有一些学生可能来自相对较为封闭或缺乏思想启发的环境，对思想政治教育的认知和态度存在较大差异。教育模式和方法也可能影响学生的参与意识和态度。如果教学方法过于传统、死板或缺乏趣味性，学生可能对教育内容缺乏兴趣，产生厌倦和抵触情绪。相反，采用创新、互动和引导式的教学方法能够激发学生的积极性、参与性和创造性，增强他们对思想政治教育的兴趣和投入度。学生的参与意识和态度差异可能导致思想引导的不均衡。一部分学生积极参与，思想觉悟高，而还有一部分可能对思政教育抱有抵触情绪，或者缺乏主动性，导致教育效果不尽如人意。积极主动参与的学生可能更容易受到教育的影响，提升自身的思想境界和综合素质。而抵触或不积极参与的学生可能难以获得相同的效果。学生的不同参与意识和态度可能影响校园文化的建设，如果大部分学生缺乏积极的参与意识，可能会影响校园内积极向上的氛围和价值观的传承。有些时候，学生的差异态度可能导致校园内的思想交流受限，一些学生可能更愿意与志同道合的同学进行交流，而不愿意与态度不同的同学沟通，可能会形成"思想圈子"的现象，这种时候，就要求高校教师采取相应的措施来实现学生间的相互融合。但是学生参与意识和态度的差异也带来了多元性的机遇，不同的参与态度代表了不同的观点和思考方式，这可以促进多元思想的碰撞，有助于培养学生的辩证思维和跨文化交流能力。

二、网络新媒体思想政治教育建设相对滞后

在当今信息时代，网络新媒体已成为重要的教育工具和平台，能够为思想政治教育带来广阔的发展空间。然而，许多高校在网络新媒体建设方面存在投入不足的问题，首先，网络设备和基础设施的更新换代速度较慢，导致高校的网络带宽、教室设备等无法满足大规模在线教学的需求，教师在使用网络新媒体进行教学时，可能面临技术应用和操作的困难。有一些是因为缺乏相应的培训和支持，也有一些高校教师由于年龄问题，对新事物的学习能力较弱，对新媒体等新兴事物的使用不够熟悉。这些问题限制了高校在网络新媒体思想政治教育建设方面的发展，导致滞后现象的出现。政策支持和管理体制的不完善也是导致网络新媒体思想政治教育建设滞后的原因之一。尽管国家已经提出了大力发展网络教育和创新教学的指导方针，但在实际操作层面，仍存在一些政策和管理方面的问题。例如，一些高校在制订教学计划和课程设置时，未能充分融入网络新媒体思想政治教育的需求，导致教学内容的传统化和局限性。此外，学校的管理体制可能存在僵化和烦琐问题，对于教师在网络新媒体教学方面的创新和实践给予的支持不足，缺乏灵活的管理机制。

教师的数字素养不足是一个关键问题，在网络新媒体时代，教师需要具备相应的技术技能和教学能力，才能有效地开展思想政治教育。然而，一些教师在网络新媒体教学方面缺乏足够的培训和指导，无法充分掌握利用新媒体进行思想政治教育的方法和策略，在多媒体技术、在线交流平台、教学软

件的应用等方面，教师应具备相应的技术操作和应用能力。然而，一些教师对于这些新技术的了解和掌握程度较低，缺乏对新媒体工具的熟练运用。他们可能对于使用教学软件、制作多媒体课件等技术操作感到困惑，从而影响了网络新媒体思想政治教育的开展。网络新媒体教学具有开放性、互动性和个性化的特点，需要教师具备灵活的教学思路和策略，能够与学生进行有效的互动和讨论，部分教师特别是年龄较大的老教师，尽管他们的专业知识和教学经验比年轻教师丰富许多，但对于如何在网络平台上引导学生思考、促进学生参与以及评估学生学习效果等方面的教学策略了解不足。他们可能过于依赖传统的讲授方式，缺乏创新性的网络教学方法，导致思想政治教育在网络新媒体环境下的效果不佳。

学生是高校思想政治教育的主要对象，他们的思想观念和政治意识的培养对于他们未来的发展具有重要意义。然而，由于网络新媒体思想政治教育建设的滞后，学生在网络时代可能面临种种问题。首先，学生容易受到网络信息的干扰和误导。网络新媒体的普及和便利性使得学生容易接触到大量的信息和观点，其中包括一些不准确、偏激甚至违背社会主义核心价值观的内容。如果网络新媒体思想政治教育建设滞后，学生可能缺乏对于信息的辨别能力和思考能力，容易受到错误观点的影响，从而对社会主义理论和政治体系产生误解或产生怀疑态度。其次，网络新媒体滞后也可能导致学生对思想政治教育的重要性认识不足。网络时代的学生更加注重个人自由和个性发展，对于传统的思想政治教育可能存在一定的抵触情绪。如果网络新媒体思想政治教育建设滞后，学生可能缺乏对于思想政治教育的认同和重视，将其视为一种约束而非价值引导。这将影响到学生对于自身思想觉悟和社会责任感的培养，对于社会主义核心价值观的接受和坚守。此外，滞后的网络新媒体思想政治教育建设还可能导致高校在思想政治教育领域的竞争力下降。随着社会的发展，高校之间的竞争越来越激烈，学生和家长更加注重学校在思想政治教育方面的实力和质量。如果高校的网络新媒体思想政治教育建设滞后，无法提供与时俱进的教学内容和创新的教学方式，将影响到高校的声誉和吸引力，甚至可能失去一部分优秀的学生资源。

网络新媒体思想政治教育建设滞后的一个重要原因是缺乏系统性和整合性的规划，尽管高校意识到网络新媒体在思想政治教育中的潜力，但在制定发展策略和规划方面存在欠缺。这可能由于对网络教育的理解和认知有限，或是缺乏专门的规划团队和机制来推动网络新媒体教育的整合与创新，在这种情况下，高校"大思政"体系的推广会受到重重的阻碍。一方面，一些高校可能存在片面追求技术更新和平台建设，而缺乏对网络新媒体教育整体规划和发展方向的思考。这导致在网络教学平台的选择和建设过程中缺乏整体性和一致性，不同学院和教师在使用的平台、教学资源和教学模式上存在较大差异，影响了教学的连贯性和协同性。另一方面，缺乏全面的教育信息化规划也是导致网络新媒体思想政治教育滞后的原因之一。高校需要制定长远的发展策略，明确网络新媒体教育在思想政治教育中的定位和目标，统筹整合各类资源和平台，构建一个有机衔接、协同运作的教学体系。然而，由于缺乏系统性的规划，教学资源的利用和共享不够充分，一些优质的教学案例和资源无法得到广泛应用和推广。

三、全员育人氛围尚未形成

全员育人氛围尚未形成对高校"大思政"育人体系发展造成了一系列困境，原因并不仅仅出现在思想教学教师方面，在教学过程中的各个方面都有一些或多或少的原因。最重要的部分就是社会舆论导向。社会舆论导向对学生参与思想政治教育产生一定影响。在一些社会环境中，媒体和公众对于思想政治教育的报道和评价往往偏向消极或片面，强调其教条性、僵化性或政治化，容易引发学生和家长对思想政治教育的负面态度。一些媒体可能突出报道思想政治教育中的一些问题和争议，导致公众对该教育形式的质疑和抵触情绪增加，这种舆论导向可能使学生对思想政治教育持怀疑态度，减少其参与的意愿。家庭教育对学生参与思想政治教育的态度和行为也会产生重要影响。家庭是学生价值观形成和道德认知的重要来源之一，如果学生所处的家庭环境对思想政治教育不重视或存在偏见，家长对政治敏感话题避而不谈或者对学校的思想政治教育持负面态度，这可能会影响学生对该教育形式的态度和参与度。家庭对于思想政治教育的支持和积极参与可以帮助学生形成正确的价值观和认知，增强其对思想政治教育的认同和参与意愿。在高校中，仍存在一些教师和管理者对育人工作的重视程度不够，将重点放在学术研究和学科教学上，忽视了思想政治教育的重要性，这种教育理念的缺失导致高校没有形成全员育人的共识和行动意愿，影响了思想政治教育的深入开展和全员参与。传统的教学方法更加注重知识传授和技能培养，而在思想政治教育中，培养学生的思辨能力、道德情操和社会责任感同样重要，然而，一些高校在教学方法上存在创新不足的问题，无法有效地激发学生的思考和参与，传统的一言堂式讲授模式限制了学生的自主性和创造性思维，影响了思想政治教育的实效性和吸引力。学生是高校"大思政"育人体系中重要的参与者，但由于各种原因，学生参与思想政治教育的意愿和积极性有限。一方面，学生可能缺乏对思想政治教育的认知和理解，将其视为一种形式主义或强制性的教育活动。另一方面，一些学生可能面临着学业压力、就业竞争等实际问题，将时间和精力更多地投入学习和个人发展中，而对思想政治教育的参与度较低。

在一个高校内，全员育人氛围的形成与否直接关系到思政育人工作的有效性和深度。首先，缺乏全员育人氛围可能导致教育共识的不足，在一个整体缺乏育人氛围的环境中，教师和学生对于思政教育的认知和期望可能存在差异，甚至形成截然不同的理解，一些教师可能将思政教育视为例行公事，而另一些教师可能将其视为重要的使命，学生对于思政教育的态度也会因全员育人氛围的缺失而存在分化，有的可能认真投入，有的可能漠不关心，这种教育共识的不足会影响到思政教育的一体化推进，削弱了整个育人体系的凝聚力和协同性。缺乏全员育人氛围一定会导致思政教育质量的不稳定。在一个缺乏育人氛围的环境中，思政教育可能面临着教师投入不足、教学内容单一等问题，一些教师可能因缺乏足够的育人意识和支持，而将思政教育作为一种例行课程来对待，缺乏热情和创新，这会导致教育质量的不稳定，使得一些课程可能缺乏足够的深度和广度，无法真正发挥思政教育的效果。此外，全员育人氛围的缺失也可能导致学生参与度的降低，在一个没有形成全员育人氛围的环境中，学生可能缺乏参与思政教育的积极性和主动性，他们可能认为思政教育与自己的学业和未来发展无关，从而对课程和活动缺乏兴趣和投入，这会使得思政教育的效果大打折扣，影响到学生的政治素养和社会责任感的培养。教育质量的不稳定往往源自教师对于思政教育的态度和投入程度的不一致。在缺乏全员育人氛围的环境中，一些教师可能将思政教育视为课程要求的一部分，只是例行地传授知识，而缺乏教育的情感和深度。这样的情况下，教育质量可能呈现出"参差不齐"的特点，有的教师可能非常重视思政教育，深入挖掘思想内涵，而有的可能仅仅是"敷衍了事"。思政教育的核心任务是培养学生的思想道德素养和社会责任感，使他们能够在面对社会复杂问题时有理性、有担当，然而，如果教师在思政教育中缺乏足够的投入和情感，可能只是流于形式，缺乏与学生真实问题的连接，这将导致思政教育变得空洞，失去了其应有的教育价值。学生在大学阶段面临着多样的学业和社会压力，如果思政教育没有足够的吸引力和深度，学生可能会对课程和活动持漠视态度，他们可能认为思政教育只是一种"必修课"，而非一个有助于个人成长和社会参与的重要环节，这将使得学生在思政教育中缺乏投入感和积极性，从而影响了思政教育的实际效果。

学生的参与度是衡量思政育人体系实施效果的一个重要指标，但其影响可能远远超出个体学生的参与程度。缺乏全员育人氛围可能导致学生政治意识的淡化，在一个缺乏育人氛围的学校环境中，学生可能会将政治视为一个陌生、遥远甚至无足轻重的领域，他们可能会对政治问题感到冷漠，缺乏政治参与的积极性，这将影响到学生的政治觉醒和政治素养的培养，使得他们难以成为有担当、有社会责任感的公民。思政育人旨在培养学生的思辨能力和创新精神，使他们能够独立思考、敢于质疑、勇于创新，然而，如果思政教育缺乏全员的支持和投入，学生可能只是被动地接受知识，缺乏主动思考和质疑的意愿，这将限制学生的思维广度和深度，影响到他们的创新能力的培养。在一个缺乏育人氛围的学校中，学生可能更加关注个人的学业和发展，而忽视了社会问题和公共事务，他们可能缺乏对社会问题的深入了解和关心，缺乏为社会发展和公共利益贡献的意识和动力。这将影响到他们作为社会成员的责任感和使命感的培养。全员育人氛围尚未形成对高校"大思政"育人体系发展的影响涵盖了许多方面，其中一个重要影响是可能导致教育目标的模糊化，思政育人体系的核心目标是培养学生的思想道德素养和社会责任感，使其成为具有高尚道德情操和创新能力的社会新人，然而，如果在整个高校范围内缺乏全员育人氛围，教育目标可能会变得模糊不清。其中教育目标的模糊化可能表现在思政教育内容的散乱和碎片化，如果全员育人氛围缺失，每位教师在思政教育中的重视程度和理解可能存在差异，导致思政教育内容在不同课程和环节中呈现出不一致的特点，这将使得学生难以形成系统的思政教育体验，教育目标也可能会被分散和削弱。思政教育需要采用多样的教育方法，包括案例分析、讨论、实践活动等，以促进学生的综合能力和创新思维的培养，然而，如果教师和学生对于思政教育缺乏认知和共识，教育方法可能会变得单一和僵化，无法满足学生多元化的学习需求。全员育人氛围尚未形成对高校"大思政"育人体系发展的影响不仅仅关系到教育目标的模糊化，还可能引发教育资源的浪费和教育体系的不稳。教育资源的浪费是因为在一个缺乏全员育人氛围的环境中，思政教育的实施可能会出现低效的情况，从而导致教育资源的浪费。如果思政教育没有得到全员的支持和参与，一些课程可能会变得单一和机械，缺乏创意和活力，教师可能只是按部就班地进行教学，缺乏对教育内容和方法的创新和调整，这将使得教育过程变得枯燥乏味，难以激发学生的学习兴趣和积极性，造成教育资源的浪费。其次，教育资源的浪费可能表现在教育活动的重复和冗余，在一个缺乏全员育人氛围的环境中，各个部门和单位可能会分散开展类似的教育活动，造成资源的重复投入，如果没有有效的协调和整合，这些教育活动可能会出现"各自为政"的情况，导致资源的浪费和效果的削弱。缺乏全员育人氛围可能使得对教育过程和效果的监督变得困难。教育部门难以对教育资源的配置和使用进行有效的调配和监控，从而可能造成资源的浪费和不合理分配。

四、多元化思潮带来的大学生政治观模糊

多元化思潮带来的大学生政治观模糊现象对高校"大思政"育人体系的发展构成了困境，这一现象主要源于当代社会信息传播的便捷性和广泛性。随着互联网和社交媒体的快速发展，学生们接触到了各种各样的政治观点和信息，来源包括传统媒体、社交平台、网络论坛等。学生们在接收政治信息的过程中，往往面临信息碎片化、虚假信息的干扰，导致政治观点的模糊化。教育环境的变化也对大学生政治观的形成产生了一定影响，相比过去，现代高校更加注重培养学生的创新精神、批判思维和多元化能力，强调学生的主体地位和自主发展，这种教育理念的引入使得大学生的政治观念更加多样化，学生们更倾向于独立思考和自主选择，然而，由于学生们在政治领域的知识储备和经验相对不足，对于政治观念的形成缺乏系统性和深入性，容易受到表面信息和个人情感的影响，导致政治观点的模糊和不稳定。社会的价值观念多样化也是大学生政治观模糊的原因之一。现代社会的多元文化和多元化价值观念的兴起使得大学生面临着来自不同群体和文化背景的观念冲突和多元化的价值选择。一些学生可能在家庭、地区或社交圈中接受到特定的政治

观念和价值导向，而在大学环境中又受到其他观点的冲击和挑战，导致其政治观念的摇摆和模糊。

当今社会，信息技术的快速发展和全球化的交流使得各种思想观点充斥着学生的日常生活，然而，这种多元化的思潮往往也伴随着政治观模糊的现象，对大学生的政治认知和意识形态形成提出了新的挑战。大学生暴露于各种思想观点之中，他们容易受到不同立场、不同文化和不同价值观的影响，这种影响可能导致学生在政治观念上产生摇摆和不稳定的态度。在信息爆炸的时代，大学生可以通过互联网、社交媒体等渠道接触到来自全球各地的信息，然而，信息的真实性和客观性难以保障，这可能使得学生很难辨别何为真实的政治立场，从而影响他们对政治问题的准确理解。多元思潮也可能导致大学生的政治认知相对表面化，学生可能更容易倾向于表面上的政治口号和标语，而缺乏对深层次政治理论的认识和理解。政治观模糊可能使得学生在政治话语中更多地追随潮流，而缺少对背后思想和历史背景的深刻思考，影响了他们对政治问题的深入探究。在社会变革和意识形态多元的背景下，学生可能同时接触到各种价值观和政治立场，这使得他们很难确立自己的政治信仰，这种困惑可能导致学生对政治问题保持中立或消极的态度，使得他们不愿意深入参与政治讨论和社会事务。大学生生活在一个信息高度流通的环境中，他们不仅面对来自传统媒体的信息，还能够通过社交媒体、在线平台等多渠道获取各种不同立场的观点。这种多元化的信息涌入，给大学生的政治观带来了多样性，然而也带来了混乱和困惑。在虚拟社交平台上，不同政治、文化、宗教观点广泛传播，学生可能被不同的声音和信息所包围，使他们更容易陷入政治观念的混乱，这种信息碎片化和片面性可能导致学生对政治现象缺乏系统性的认识，甚至形成偏见和误解。多元思潮也可能加剧了政治观的主观性。每个人的政治观都受到其个人经历、家庭背景、社会环境等多重因素的影响，当大学生面对如此多元的信息源时，他们可能更容易选择与自己观点相符的信息，形成信息过滤的现象，使政治观更趋向主观化，这可能导致一些学生在没有深入思考的情况下,盲目接受并坚守某种政治立场,而忽略了多元观点的存在。另外,多元思潮也可能导致政治观的碎片化,学生接触到的信息碎片可能来自不同领域、不同立场,这可能导致他们对政治问题的理解变得表面化和零散化,政治问题往往涉及复杂的历史、社会、文化因素,需要深入思考和综合分析,然而多元信息的碎片化可能使得学生难以获得全面和深刻的理解。

第三节 "大思政"育人体系存在困境的原因分析

一、高校思想政治教育工作体系忽略了以学生为本的重要性

高校"大思政"育人体系存在困境的一个重要原因是高校思想政治教育工作体系忽略了以学生为本的重要性,教学内容经常偏向理论化和抽象化,与学生的实际生活和需求脱节。毛泽东曾指出:"教育必须和实际生活联系起来,必须从实际出发,到实际中去。"然而,在一些思政课程中,学生难以将所学的理论知识与实际问题相结合,无法真正理解思政教育的意义和价值。例如,当涉及社会问题或时事热点时,往往只停留在理论层面的讲解,而缺乏与学生实际生活的关联,当讲授关于社会公平和正义的理论知识时,很少有教师会结合当下的社会现实,引导学生思考社会阶层分化、贫富差距等问题。现在高校思政教材过于抽象和理论化,缺乏与学生生活相关的案例和实例,学生难以将其与自身经历和实际情境联系起来。相反,如果教材能够选取一些具有代表性的实际案例,如中国共产党领导人在解决实际问题中的经验教训,那么学生将更容易理解和接受这些知识。这样的教学方式能够让学生感受到思政教育对于解决实际问题的指导作用,激发他们对学习的积极性和主动性。作为一所高校,学生群体具有不同的背景、兴趣、价值观和认知

方式，然而，在一些思政教育中，存在着过于普遍化和一刀切的问题，没有充分考虑到学生的个体差异。中国共产党领导人曾多次强调尊重个体差异和多样性。因此，思政教育应该充分尊重学生的个体差异，采用灵活多样的教学方法和内容，以满足不同学生的需求。通过引入案例分析、小组讨论、辩论赛等互动式的教学活动，可以激发学生的思考和参与，培养他们的批判思维和团队合作能力。同时，思政教育也应该关注学生的兴趣和需求，提供多样化的选修课程或主题活动，让学生能够根据自己的兴趣和特长选择适合自己的学习内容。除了个体差异，性别差异也是一个需要重视的方面。男女学生在思想观念、兴趣爱好等方面存在差异，因此，在思政教育中应该充分考虑到性别的特点，采取不同的教学方式和内容，可以设计一些与性别相关的案例和话题，引导男女学生共同思考和讨论，促进性别平等和和谐发展的理念。通过充分尊重个体差异、采用多样化的教学方法和内容，我们能够更好地满足学生的需求，提高思政教育的效果和满意度。高校"大思政"育人体系存在困境的原因之一是缺乏有效的评估和反馈机制。思想政治教育的目标是培养学生的思想道德素质和社会责任感，但在实际教学中，往往缺乏科学的评估方法来衡量学生的学习效果和思想觉悟，这导致了教学方法无法有效地得到反馈和改进。在思政教育中，我们应该建立科学的评估机制，对学生的思想觉悟、价值观和实践能力进行全面的评估。评估应该从多个角度进行，包括学生的学术表现、参与度、思考能力以及对思政课程的反馈等。这可以通过学生问卷调查、小组讨论、作业评分等方式来收集信息。同时，教师还应该积极与学生进行交流，了解他们的学习困惑和需求，及时调整教学策略和内容。学生应该被鼓励提出自己的想法和意见，并得到及时的反馈和指导。这可以通过教师与学生的个别会谈、课程评议会等形式来实现。有效的反馈和指导可以帮助学生更好地理解思政教育的内容和目标，并在实践中不断提升自己。

在构建高校"大思政"育人体系过程中，忽略了以学生为本的重要性，其深层原因在于当前思想政治教育往往更注重课程内容的传授和统一规划，而忽略了学生个体差异的关怀和引导，这一现象可能源于教育理念的传统延续、教育资源的分配以及教育评价体系的偏向，导致了对学生需求和主体地位的忽视。首先，传统的教育理念可能影响了高校思想政治教育的方向。长期以来，高校思想政治教育往往强调思想政治理论的灌输和宣传，强调传递正确的政治观念和价值观，这种传统的"灌输式"教育模式可能导致教育者更注重课程内容的传递，而忽视了学生个体差异的重要性，在这种观念下，学生往往被视为接受者，而不是参与者和创造者，教育者可能更关注信息的输入，而忽略了学生的输出和参与。其次，教育资源的分配可能影响了以学生为本的教育关怀。在高校教育中，教育资源的分配往往受到课程设置、教师配备、教材编写等因素的制约，这些资源往往在整个教育体系中分配不均，导致教育者难以为每个学生提供个体化的关怀和引导，而在面对资源不足的情况下，教育工作可能更倾向于选择群体性的教学方式，而忽视了每个学生的特点和需求。此外，教育评价体系的影响也不容忽视，当前的教育评价体系往往更注重学生的知识掌握和考试成绩，而忽略了学生的综合素质和能力培养，这可能导致教育者更关注如何提高学生的理论掌握，而忽略了学生的创新能力、实践能力以及综合素养的培养，在这样的评价体系下，教育工作容易偏向于传递理论知识，而不是关注学生的个体差异和全面发展。高校思想政治教育工作体系在构建"大思政"育人体系时忽略了以学生为本，这在很大程度上可以归因于教育资源的分配不均。教育资源的分配不均使得高校往往难以为每个学生提供个体化的关怀和引导，从而导致了学生需求的忽视和体验的不足。教师配备是教育资源分配不均的一个显著方面，一些高校可能因为种种原因，无法配备足够数量和质量的教师来满足每个学生的个性化需求，这可能导致教师在教学过程中更偏向于使用一般性的教学方法和资源，难以为每个学生提供个体化的关怀和引导。在这种情况下，学生的差异性需求很难得到满足，思政教育的效果可能受到影响。高校可能在思政教育领域分配的课程资源较少，导致课程设置相对单一，难以满足学生多样化的学习需求，如果缺乏丰富多彩的课程选择，学生可能很难找到适合自己兴趣和需求的课程，从而导致他们对思政教育的兴趣和投入度降低。同时，教育资源的分配不均可能导致高校在教育创新方面的能力受限，一些资源相对匮乏的高校可能难以投入教育创新和改革中，无法积极探索新的教学方法和手段，以满足学生多样化的需求。这可能使得思政教育的方式和内容相对保守，难以适应时代和学生的变化。

二、高校各部门工作者的思想政治素质不够高

高校"大思政"育人体系存在困境的另一个原因是高校各部门工作者的思想政治素质不够高。首先，作为高校的一员，教师、行政人员和辅导员等各个部门的工作者都应当具备较高的思想政治素质，以身作则，引领学生。然而，在现实中，一些工作者可能存在思想觉悟不够高、理论水平不够扎实等问题，导致了他们在思想政治教育中的教学效果不尽如人意。中国共产党历来高度重视党员干部的思想政治素质培养。同样地，对于高校而言，各部门工作者的思想政治素质对于推动"大思政"育人体系的发展起着至关重要的作用。一些高校工作者可能缺乏深入学习和理解党的理论知识的意识，他们可能对中国共产党的指导思想和重要政策了解不够深入，缺乏对马克思列宁主义、毛泽东思想、邓小平理论、"三个代表"重要思想、科学发展观、习近平新时代中国特色社会主义思想等基本原理的把握，这导致他们在思想政治教育中难以准确理解和传达党的要求，影响了教学内容的质量和准确性，会使他们在思想政治教育工作中往往缺乏针对性和深度，无法真正引导学生树立正确的政治观念和价值观。其次，一些高校工作者可能缺乏自身思想政治素质的提升意识，他们可能没有意识到作为高校育人工作者，自身的思想政治素质需要不断提高和加强，他们可能忽视了在教学、管理和指导学生中

展示正确的思想觉悟和政治立场的重要性，缺乏持续学习和自我反思的习惯，导致自身思想政治素质的提升缓慢或停滞不前。他们可能将"大思政"育人工作仅仅视为一项任务或工作要求，缺乏对其深远影响的认知。这导致他们在思想政治教育中缺乏激情和责任感，对学生的思想政治教育教学的投入和关注不够。他们可能更加注重学科教学或行政管理等工作，将思想政治教育放在次要位置。这种认识上的偏差导致了高校工作者在思想政治教育中的投入不足，教学内容和方法的选择不够科学和创新，难以激发学生的学习兴趣和参与度。

高校"大思政"育人体系的构建是一项复杂而长远的任务，其中高校各部门工作者扮演着至关重要的角色，这些工作者涵盖了各个领域，包括教学、科研、管理等多个方面，他们不仅是学生的教育者，更是学生的引路人和榜样。然而，现实中存在着一些问题，限制了他们在思政育人工作中发挥更大的作用。首先，高校各部门工作者的专业素养和思想政治素质之间的融合可能存在不足，这是因为在高校内部，各个学科领域的专业要求和思政育人的理念并非总能完美融合。例如，科研人员可能会更关注学术研究，而教学人员可能会更注重课程教学，这可能导致他们在思政育人方面的投入和理解存在差异。因此，需要建立起融通学科与思政教育的机制，让各部门工作者能够将自身专业素养与思想政治素质有机结合，为学生提供更加全面的教育引导。高校各部门工作者在思想政治素质的培养方面可能缺乏持续的自我提升和学习。随着社会的快速变革和发展，思想政治教育也需要不断跟进和适应，而各部门工作者在自身专业领域的不断深耕可能使他们无法充分了解思政教育的最新理念和方法。因此，高校应鼓励和支持各部门工作者参与思政教育的培训和学习，帮助他们不断提升思想政治素质，更好地履行育人使命。此外，高校各部门工作者可能在思政育人工作中面临一定的压力和挑战。由于工作任务繁重，他们可能难以兼顾思政育人工作，特别是当思政育人工作需要耗费大量时间和精力时，因此，高校需要合理分配工作负担，为各部门工作者提供更好的支持和帮助，使他们能够更有动力和精力投入思政育人工作中。高校各部门工作者在思想政治素质的持续提升和学习方面面临一系列挑战和需求。随着社会不断发展变化，新的思想观念和价值取向不断涌现，而高校作为培养未来社会栋梁的重要阵地，必须紧跟时代步伐，使各部门工作者不断更新知识和拓宽视野，以更好地履行思政育人的使命。思政教育不仅仅是一种传递知识的过程，更是培养学生正确世界观、人生观、价值观的关键途径。各部门工作者需要深入理解思政教育的核心要义，将思政教育融入自己的教学和工作中，以帮助学生树立正确的世界观、人生观和价值观。高校各部门工作者需要不断丰富思政教育的方法与手段，传统的思政教育方式可能难以引起学生的浓厚兴趣，因此各部门工作者需要探索创新的教育方法，如借助先进的科技手段、互动式的教学模式等，来吸引学生参与并体验思政教育的过程。同时，将思政教育融入实际问题和案例中，使学生能够更好地理解和应用思政知识。高校各部门工作者可以积极参与相关的培训和学习活动，不断扩展自己的知识面和思想深度。同时，通过与其他领域的专家学者进行交流合作，可以促进不同领域之间的思想碰撞和交流，为思政教育提供更加丰富的内容和视角。与此同时，高校可以建立起一系列支持机制，以鼓励和促进各部门工作者的思政素质提升。例如，设立相关奖励制度，鼓励在思政育人工作中表现出色的教师和工作者；制订专门的培训计划，针对不同领域的工作者提供个性化的培训内容；建立学术研讨平台，让各部门工作者能够交流分享自己在思政教育方面的心得和经验。

高校各部门工作者在思想政治素质的持续提升和学习方面的需求体现了构建"大思政"育人体系的内在要求和现实挑战，思政育人是一项系统性、全局性的工作，需要各个领域的工作者共同参与和贡献。然而，在实际操作中，由于专业特点和工作职责的差异，高校各部门工作者可能面临一些困境，制约了思政育人体系的全面发展。各部门工作者可能因专业差异导致对思政育人的认识和参与存在偏差，不同领域的工作者可能更加关注自身专业的发展和教学内容，而对思政育人工作的重要性和方式可能了解不够深入，这可能导致思政育人工作在一些领域得不到充分的重视和支持，影响了整体育人体系的建设。各部门工作者在思政育人方面可能缺乏相关知识和方法的培训，思政育人需要一定的教育理论、心理学知识等支撑，然而各部门工作者的专业背景可能并不都具备这些知识。缺乏相关知识和方法可能使他们在思政育人工作中感到无所适从，难以有效引导学生的思想和价值观。总之，高校各部门工作者在思想政治素质的持续提升和学习方面面临一些困境，但通过加强对思政育人的认识、提供相关培训、建立跨学科合作机制以及制定相应的激励措施，可以有效地克服这些困难，实现"大思政"育人体系的协同发展，为培养更加全面发展的社会主义建设者和接班人提供有力的支持。高校各部门工作者在思想政治素质的持续提升和学习方面的需求，反映了构建"大思政"育人体系的复杂性和时代性，思政育人体系的构建不仅需要教育工作者的积极参与，还需要整个社会的支持和共同努力。然而，在现实中，由于社会各方面资源的不充分和分配不均衡，高校思政育人体系的发展面临一些制约。思政育人工作需要场地、设备、资金等方面的支持，以保障各类思政育人活动的顺利开展。然而，由于高校资源分配的现实情况，很多时候思政育人工作可能面临资源不足的困境，影响了活动的质量和效果。社会各方面的合作与支持也是构建"大思政"育人体系的重要保障，高校需要与政府、企业、社会组织等各方面建立紧密的合作关系，共同为思政育人工作提供资源和平台。然而，在现实中，由于合作机制不够成熟或合作主体之间的理念不一致，可能导致合作效果不佳，影响了思政育人体系的整体建设。高校思政育人体系的发展还需要师资队伍的支持和培养，优秀的教育工作者是思政育人工作的重要基础，他们不仅需要具备丰富的专业知识，还需要具备较高的思政素质和教育能力。然而，在现实中，师资队伍的培养和提升可能受到一些制约，如缺乏相关培训机会或培训内容不具有针对性等，从而影响了思政育人工作的深入开展。

三、互联网技术融入高校思想政治教育进程较慢

随着互联网的快速发展，其在教育领域的应用已经成为一种趋势，中国共产党和国家高层对高校思想政治教育工作也提出了明确的方针政策。习近平总书记强调："要提高教师的思政水平，加强师德师风建设，推动教师队伍的专业化发展。"他还强调指出："要运用好互联网等新媒体，加强网络文化建设和舆论引导，积极培育健康向上的网络文化，为青少年成长成才提供良好环境。"这些指示和政策要求为高校提供了明确的方向和支持，需要高校在实践中积极探索，加强资源投入和支持，推动互联网技术与思想政治教育的有机融合。但在实际操作中，一些高校仍存在思想政治教育与互联网技术融合不足的问题。这一部分原因可以归结为两个方面。首先，高校在互联网技术的基础设施建设上存在一定的滞后，虽然许多高校拥有了网络教室、在线学习平台等基础设施，但在思想政治教育方面的资源配置仍不充分。例如，缺乏专门的思政教育平台和在线教育资源，限制了教师开展创新教学和学生参与互动的能力，并且由于技术设备更新速度较快，一些高校面临着设备老化和维护成本高的压力，限制了互联网技术的应用。其次，一些教育工作者对互联网技术的运用仍存在一定程度的保守和不熟悉。他们可能对新媒体的特点和应用方式了解不深，缺乏针对互联网环境下的思想政治教育的具体指导和培训。

与此同时，高校在思想政治教育中对互联网技术的应用理解和认识相对滞后。许多教育工作者仍将传统的教学模式视为主要方式，忽视了互联网技术的潜力和优势，他们可能认为面对面的课堂教学才是有效的教学方式。然而，随着互联网的快速发展，新兴的数字技术和在线平台为思想政治教育带来了许多创新的可能性。通过在线学习平台、教育应用软件和社交媒体等工具，学生可以随时随地获取学习资源，参与讨论，与他人交流和合作。这种灵活性和便利性对于满足学生个性化学习需求和提高教学效果至关重要。由

于对互联网技术的认识不足等问题,许多高校在思想政治教育中对新媒体的应用还相对保守,他们可能缺乏对新媒体的深入了解,无法充分利用各类在线资源和平台来设计丰富多样的教学内容。与此同时,现在网络上良莠不齐的各类信息也会引起教育工作者对互联网技术的安全性和可靠性的担忧,担心学生在网络上接触到不良信息或者做出不正当行为,从这个方面来说,互联网完全融入高校教育还有一段距离,而且需要学校和社会各个层面,需要每一个人努力。在传统的高校教育中,教师通常扮演着知识传授者和权威的角色,而学生则处于被动接受知识的地位,这种教育观念导致了教师在思想政治教育中更加注重知识的灌输,而忽视了学生主体性的培养。互联网技术的发展打破了传统的教学模式,赋予了学生更多的自主学习和参与的机会,但是一些教育工作者仍然倾向于将学生视为被动接受者,而不是积极的参与者和创造者。他们可能对学生在互联网环境下的自主学习能力和信息获取能力缺乏信心,害怕学生无法正确理解和运用所学的思想政治知识,并且由于课程设置和考核方式的制约,教师可能无法将互联网技术的优势充分应用于课堂教学。他们需要按照既定的课程表和内容进行教学,很难融入互联网技术所提供的丰富资源和互动性。

第四章　构建高校"大思政"育人体系的举措

高校的"大思政"育人体系构建与实践是当前中国高等教育改革的重要方向之一。习近平总书记关于高校思想政治教育的讲话强调了高校要坚持正确政治方向，培养德智体美劳全面发展的社会主义建设者和接班人。同时，《国家中长期教育改革和发展规划纲要》和高等教育思想政治教育工作座谈会也提出了推进"大思政"育人体系建设的重要举措。为了有效构建高校的"大思政"育人体系，需要采取多项举措。第一，要构建"大格局"。建立协同机制，形成教育合力，完善课程设置，确保思政课程内容覆盖广泛，深入探讨社会主义核心价值观和中国特色社会主义理论体系。第二，写实"大文章"。提高有核心无边界的新媒体思想政治教育能力，加强师资队伍建设，培养高水平的思政教师，提高其思想政治素质和教学能力。第三，展现"大情怀"。创新新形式，把有意义的事做得有意思，要创新教学方法，通过案例分析、讨论式教学等方式激发学生的思考和参与。第四，美化"大环境"。优化育人因素，提升思政亲和力。第五，稳抓"大方向"。做好顶层设计，实现制度创新，营造积极健康的育人环境，包括建立良好的学生管理制度和丰富多样的校园文化活动。第六，落实"大作为"。精选人才，培育专业化教师队伍。第七，创新"大教学"。打破"孤岛效应"，构建课程思政的育人格局，高校应加强实践教育,组织学生参与社区服务、实习实训等活动,培养学生的解决实际问题能力和创新精神。同时,建立科学合理的评估与监督机制,对"大思政"育人体系的实施进行定期评估和监督。

在实施过程中,需要密切关注中国的方针政策,将其精神贯彻到高校"大思政"育人体系的构建中。高校要结合实际情况,制订具体的实施方案,明确目标和任务,以科学的理论为指导,不断优化和完善"大思政"育人体系,为培养德智体美劳全面发展的社会主义建设者和接班人提供坚实的思想教育基础。

第一节 构建"大格局":建立协同机制,形成教育合力

构建高校的"大思政"育人体系是中国高校发展的重要任务,在中国的方针政策和中国共产党的指引下,高校应积极采取举措,构建全面、系统、有机的思想教育体系,以培养德智体美劳全面发展的社会主义建设者和接班人。各级领导要高度重视思政教育,将其纳入高校发展的重要议程,领导层应制定明确的政策文件,明确思政教育的目标、任务和要求,并给予相应的支持和资源保障。要建立协同机制,形成教育合力。高校应打破学科壁垒,建立跨学科、跨部门的协同机制,促进思政教育与学科教育的有机融合。同时,加强学科交叉融合,推动思政教育与其他学科的交叉受益,提升学生的综合素养和创新能力。构建高校"大思政"育人体系是贯彻党的教育方针、落实立德树人根本任务的迫切需要,是高校教育改革的重要方向,在这一背景下,学校应当积极倡导并践行一系列理念和政策支持,从而在构建"大格局"的过程中建立协同机制,形成教育合力,以全员育人为目标,推动高校"大思政"育人体系的健康发展。学校应坚持党的教育方针,深入贯彻"以人

为本、全面发展"的原则,将思政育人融入学校教育教学全过程,通过制定相关政策文件,明确思政育人的重要地位和任务,为构建"大思政"育人体系提供明确的指导和保障。学校应强化师资队伍建设,培养高素质的思政教育师资,鼓励教师参与教学创新和课程设计,提升教育质量和效果。通过制定激励政策,鼓励教师积极参与思政育人活动,增强其育人责任感和使命感,为协同机制的构建提供坚实的人才支持。此外,学校应加强各学科之间的协同合作,推动跨学科思政教育的发展,通过开展跨学科的教学活动、学术研讨会等,促进不同学科领域的交流和合作,形成教育合力,为学生提供更加丰富的思政育人资源。学校在构建高校"大思政"育人体系的过程中,应坚持党的教育方针,积极推行立德树人根本任务,通过理念和政策支持,建立协同机制,形成教育合力,从而为学生提供全方位、多层次的思政育人教育,培养更加有担当、有创新能力的社会新人。

一、贯彻党的教育方针,落实立德树人根本任务

贯彻党的教育方针是高校思政教育的指导方向和根本遵循,党的教育方针要求高校注重培养学生正确的世界观、人生观和价值观,引领他们树立社会主义核心价值观。习近平总书记多次强调思政教育的重要性,他指出:"思政课是培养德智体美全面发展的社会主义建设者和接班人的'关键课程'。"这一指示使高校意识到思政教育的关键地位,加强了对思政教育的重视。政府也出台了一系列政策法规来推动思政教育的发展。例如,教育部发布了《高等学校课程思政建设指导纲要》,明确了思政教育的核心内容和要求。同时,还注重推进马克思主义理论研究和教学,鼓励高校教师深入研究马克思主义经典著作,将其思想与现实相结合,为学生提供思想启迪和理论指导。在国际范围内,各国领导人也强调了思政教育的重要性,例如,美国前总统巴拉克·奥巴马曾在接受采访时表示:"教育不仅是知识的传授,更重要的是

培养学生的价值观和责任感。"这一观点体现了思政教育在培养学生全面素养方面的作用。在实际教学中，我们通过多种形式和方法来引领思政教育，例如，组织专题讲座、学术研讨和座谈会，邀请国内外知名学者和专家进行学术交流，引导学生深入思考重大理论和现实问题。同时，高校还开设了课程和讲座，讲授中国特色社会主义理论，如习近平新时代中国特色社会主义思想，引导学生深入理解中国的发展道路、国家治理体系和治理能力。举一个具体例子，目前大部分高校开设的马克思主义原理课程旨在引导学生深入学习马克思主义基本原理和中国特色的社会主义理论，帮助他们建立正确的世界观、人生观和价值观，这门课程通过教学内容的系统性和深入性，培养学生对马克思主义的理论思考和应用能力，使他们能够更好地理解和把握当代中国的发展实践，这可以使我们的学生达到全方位的发展，在专业知识、专业能力不断增长的同时，让思想不断丰富。在构建高校的"大思政"育人体系时，我们需要深入研究和借鉴国内外的经验和做法，结合中国的国情和高校实际，制定相应的政策措施和教育计划。同时，要加强对思政教师的培养和队伍建设，提高他们的思政教育水平和专业素养，确保思政课程的教学质量和效果。通过引领思政教育的方向和价值观培养，我们能够培养学生正确的世界观、人生观和价值观，引导他们全面发展和提升综合素养，以及培养爱国情怀和社会责任感。同时，借鉴国内外的经验和做法，结合中国的方针政策，制定相关的政策措施和教育计划，促进思政教育在高校中的全面实施和有效推进。

贯彻党的教育方针和落实立德树人的根本任务，需要高校思政教育与党建工作的深度结合，党建工作是高校思政教育的重要保障和推动力量，中国共产党在党章中明确指出，党的建设必须抓住思想建设这个根本性、全局性、持续性工作，注重把党的理论和路线方针政策与思想教育相结合。中国政府出台了一系列政策法规来促进党建工作与思政教育的深度结合。例如，中共中央发布的《中国共产党普通高等学校基层组织工作条例》明确了高校党组织在思政教育中的职责和任务，要求党组织发挥领导核心作用，推动思政教育与党建工作相互促进、相互支持。这些政策法规的出台为高校搭建了有力的组织和制度保障，使党建工作与思政教育形成有机整合。习近平总书记在党的建设和思政教育方面发表了一系列重要讲话，他强调党员教师要发挥先锋模范作用，引领学生树立正确的世界观、人生观和价值观。习近平总书记指出，党员教师要牢记肩上的党员责任，把党的理论和路线方针政策贯穿到教学全过程中，做到思想上政治上的坚定，使思政课堂成为培养社会主义建设者和接班人的"传家宝"。这一论述进一步强调了党员教师在思政教育中的重要作用和责任。高校的党委应该积极推动党建工作与思政教育的深度结合，可以通过建立党员教师工作室，将党员教师的思政教育经验和教学成果分享给其他教师，来促进教师之间的交流和共同提高。与此同时党委还应鼓励学生积极参与社会实践和志愿服务活动，通过实际行动践行社会主义核心价值观并不断完善自身。为了进一步推动高校"大思政"育人体系的构建，我们需要加强党组织的领导和引领作用，建立健全党建工作与思政教育的协调机制，加强对党员教师的培训和能力提升，使其能够更好地融合党的理论和路线方针政策于教学实践中。此外，加强与社会各界的联系与合作，开展校企合作、社会实践等活动，可以为我们的学生提供更多的实践机会和社会经验，在增加他们对社会认识的同时可以促使他们身心不断全面发展。高校"大思政"育人体系应通过思政教育，引导学生热爱祖国、关心社会，培养他们的社会责任感和使命感。思政育人体系应注重培养学生的爱国主义情怀，激发他们对国家和民族的热爱与责任感。通过深入学习党的历史、中华优秀传统文化和革命精神，学生可以增强对祖国的自豪感和归属感，增强民族凝聚力和集体荣誉感。思政教育还应引导学生深入了解国家发展的现实需求，提高他们对社会问题的认知和理解，培养关注社会公益和社会责任的意识，激励他们积极参与社会实践和公益活动，为社会发展作出贡献。

二、学校对构建"大思政"育人体系的理念和政策支持

学校的理念和政策支持在构建高校"大思政"育人体系方面起着关键的作用,它们就像是思政教育的灯塔,为我们指引着方向。学校的领导层要深刻明白思政教育对培养学生的思想品质和价值观的重要性,把它纳入学校的发展战略和教育目标之中。《高等学校思想政治理论课建设标准(2021年本)》明确规定了思政教育的目标和要求,为高校构建"大思政"育人体系提供了具体指导。习近平总书记指出:"高校思想政治理论课是培养社会主义建设者和接班人的'主战场'。"他的讲话鼓舞了全国高校,激发了教育工作者对思政教育的重视和改革的动力。这样的讲话凸显了思政教育在培养学生良好品德和社会责任感方面的重要性。学校的理念和政策支持还鼓励教师参与思政教育的创新探索。学校可以制定相关政策和措施,鼓励教师创新多样化的教学方法和教学内容,以适应学生多元化的需求。高校鼓励教师采用案例分析、小组讨论等活动形式,激发学生的思考和参与,使思政课程更加生动有趣。这样的支持为高校构建具有创新精神和时代特色的"大思政"育人体系提供了有力保障。学校的理念和政策支持是构建高校"大思政"育人体系的关键要素,它们为思政教育的发展提供了明确的指导和目标,激励教师创新教学方法,提升思政教育的质量和效果。学校可以为教师提供专业发展的机会和支持,例如组织教师培训、研讨会和学术交流活动,使他们不断更新教学理念和教育方法。此外,学校可以设立奖励机制,鼓励教师在思政教育领域的研究和创新,并通过评选优秀教师、教学成果等途径,激励他们积极参与"大思政"育人体系的构建。

除了教师的培养和支持,学校的理念和政策支持还对校园文化建设起着积极推动作用。学校可以营造积极向上的校园文化氛围,弘扬社会主义核心价值观和良好的道德风尚。通过组织丰富多彩的思政教育活动和社会实践项目,如演讲比赛、志愿者活动、社团组织等,为学生提供参与社会实践、培

养社会责任感和公民意识的平台。这样的校园文化建设有助于学生树立正确的世界观、人生观和价值观，培养他们的社会责任感和担当精神。总而言之，学校的理念和政策支持在构建高校"大思政"育人体系中发挥着重要作用。通过为思政教育提供明确的指导和目标，推动教师的创新探索，提升师资队伍建设，以及促进校园文化建设，学校为高校的思政教育提供了坚实的基础和支持。只有学校与教师共同努力，紧密合作，才能构建一个符合时代要求、贴近学生实际、能够有效引导学生成长的"大思政"育人体系。学校的理念和政策支持对于构建高校"大思政"育人体系至关重要，它们不仅为教师提供了发展空间和支持，也为学生营造了积极向上的校园文化。学校可以通过政策措施和培训计划加强教师的专业发展，提升他们的教学水平和思政教育能力。例如，《中华人民共和国教师法》明确规定了教师的职责和要求，要求教师具备思政教育的专业知识和能力。这为学校提供了法律依据，要求学校重视教师的思政教育培训和专业发展，助力他们成为优秀的思政教师。

除了教师的培养和支持，学校的理念和政策支持也对校园文化建设起到了积极的推动作用。学校可以制定政策，鼓励学生参与各种思政教育相关的社团和活动，以提升他们的思想品德和社会责任感。例如，某高校设立了"思政之星"评选活动，鼓励学生在思政教育领域作出积极贡献，并表彰他们的优秀表现。这样的政策支持激励了学生参与校园思政活动，形成了浓厚的校园文化氛围。学校的理念和政策支持在构建高校"大思政"育人体系中起到了重要的推动作用，通过加强教师的专业发展和师资队伍建设，学校的理念和政策支持激励教师在思政教育领域的探索和创新。学校可以制定具体的政策和措施，鼓励教师参与教学研究、教材编写和教学改革等活动。高校可以通过设立教学研究项目，提供资金和资源支持，鼓励教师进行思政教育领域的研究，推动教学方法和内容的创新，这样的政策支持为教师提供了实施"大思政"育人体系的平台和机会，激发了他们的积极性和创造力。同时，学校的理念和政策支持也对校园文化建设产生了积极的影响。学校可以通过宣传教育、活动组织等手段，弘扬社会主义核心价值观和良好的道德风尚，营造浓厚的思政教育氛围。例如，学校可以举办主题演讲比赛、德育教育讲座等活动，邀请知名专家学者和社会名人发表演讲，引导学生关注社会热点问题，加强对他们的思想教育和价值观引导。同时，学校还可以组织社会实践活动，让学生亲身体验社会问题，增强他们的社会责任感和公民意识。

第二节 写实"大文章"：提高有核心无边界的新媒体思想政治教育能力

一、打造学科思政平台，共筑育人"同心圆"

学科思政平台是高校构建"大思政"育人体系的关键举措之一，通过将思想政治教育与学科教学有机融合，为学生提供全面发展的机会。在这个平台上，学生不仅能够深入学习专业知识，还能够接受思想政治教育的引导，培养正确的价值观和社会责任感。习近平总书记强调，学科思政平台是培养德智体美劳全面发展的社会主义建设者和接班人的重要途径，他指出，学科思政平台要立足学科特点，注重学科与思政的有机融合，激发学生的创新精神和社会责任感。在国内，中国的政策法规也鼓励高校构建学科思政平台。《高等学校课程思政建设指导纲要》提出，要加强学科思政课程建设，推动学科与思政的有机结合。举个例子来说，某高校的计算机科学与技术学院建立了学科思政平台，将思政教育元素融入计算机科学的学科教学中。在计算机课程中，教师通过引导学生探讨科技发展与社会责任的关系，促使学生关注科技创新的伦理和社会影响。这样的学科思政平台使学生在学习专业知识的同时，也能够获得全面的思想教育，培养正确的价值观和社会责任感。《新时代学校思想政治理论课改革创新实施方案》明确提出要加强学科思政课程的建设，注重将学科与思政有机结合，培养德智体美劳全面发展的社会主义建设者和接班人。通过学科思政平台的建设，学生与教师之间的互动得到了加强。教师可以借助学科教学的机会了解学生的思想动态和价值观，为他们提供有针对性的思想引导。同时，学生也能通过与教师的互动，提出问题、交流观点，促进思想交流和学术探讨，从而拓宽了学生的视野和思维方式。学科思政平台在构建高校"大思政"育人体系中起到了重要的作用，它能够促进全员育人，推动学生的全面素质发展，通过学科思政平台，学校能够为全体师生提供思想教育和学科发展的共同平台，使每个人都能够在学科学习中获得思想教育的引导。在国内，中国的政策法规也明确提出要构建全员育人体系。《中共中央 国务院关于深化教育教学改革全面提高义务教育质量的意见》中提到，要加强全员育人，推动学科思政融合发展，为学生提供全面发展的机会。我们可以通过文学与思政的有机结合，为学生提供综合性的思想教育和文学创作的平台。在文学课程中，教师引导学生深入探讨文学作品中的人文关怀、社会问题等内容，培养学生的人文关怀和社会责任感。同时，学生也通过创作作品表达自己的思想和情感，促进他们的思维能力和创造力的发展。教师不仅在学科教学中关心学生的思想教育，学生也通过学科学习感受到思想教育的渗透。这种全员育人的理念促使每个人都能够在学科教育中获得全面发展，培养良好的价值观和社会责任感。

打造学科思政平台，共筑育人"同心圆"在构建高校"大思政"育人体系中具有深远而积极的影响，这一举措不仅仅是简单地将学科知识与思政教育相结合，更是在教育的更高层次上实现了知识与人格、学科与思想的融通，为培养德智体美劳全面发展的社会主义建设者和接班人奠定了坚实基础。学科思政平台的建设能够有效弥补学科与思政教育之间的脱节。传统上，学科教育和思政教育往往被划分为两个独立的领域，缺乏有效的交流与互动。而学科思政平台的引入将打破这种壁垒，促使学科教育和思政教育相互渗透、相互促进，使学生在学习专业知识的同时，能够更好地理解和应用思想政治理论，培养全面发展的人才。通过在学科课程中引入思政元素，教师可以更灵活地设计教学内容和教学方法，使学生在专业学习的同时，深刻领会思想政治理论的内涵，形成正确的世界观和价值观，这不仅能够增强学生的综合素养，还能够激发他们的创新思维和批判精神。在学科领域内，学生需要面对各种复杂的问题和挑战，而引入思政元素可以帮助他们从更高的层面去思考和解决这些问题，使其具备更强的综合分析和判断能力，学生将能够更好地理解学科知识与社会现实的关系，为将来的工作和社会参与打下坚实基础。重要的是，学科思政平台的建设有助于培养德智体美劳全面发展的社会主义建设者和接班人。通过学科思政平台的引入，学生将不仅仅是学习知识，更是接受思想政治教育的熏陶，培养正确的价值观和人生观，具备良好的社会责任感和创新能力，从而能够为社会主义建设事业作出更大的贡献。打造学科思政平台，共筑育人"同心圆"对构建高校"大思政"育人体系具有重要意义，它不仅弥补了学科与思政教育之间的脱节，还丰富了教学内容，提升了教学质量，拓展了学生的思维广度和深度，培养了全面发展的社会主义建设者和接班人，为高校思政育人事业的发展注入了新的活力和动力。学科思政平台的建设不仅能够丰富教学内容，提升教学质量，更能够在深层次上促进学生的综合素养和个人发展，为他们的未来职业和社会参与打下坚实基础。在学科课程中引入思政元素，教师可以创造更具有启发性和互动性的教学环境，传统的学科教育往往注重知识传授和技能培养，而学科思政平台的建设则强调在学科教学过程中引导学生思考社会、伦理、人生等问题。教师可以设计案例研究、小组讨论、实地考察等活动，使学生在学习学科知识的同时，积极参与思政教育，提升他们的学习兴趣和参与度。并且在学科教育中引入思政元素，可以引导学生从不同角度去思考和分析问题，培养他们的批判思维能力，使其能够更好地辨别信息真伪，形成独立的判断和观点。这种思维方式将在学生的未来职业中具有重要价值，使他们能够更好地应对复杂多变的社会环境。学科思政平台的建设能够帮助学生树立正确的人生观和价值观，在学科教育中融入思政元素，可以让学生更深刻地理解学科知识背后的社会背景和意义，培养他们的社会责任感和公民意识，学生将从学科中汲取道德、伦理的养分，形成健康、积极的人生态度，为未来的个人发展和社会参与奠定坚实基础。通过在学科教育中培养学生的思辨能力和综合素养，他们将更容易理解和掌握新知识，适应社会发展的需求，学生将会认识到学习是一个不断探索和进步的过程，从而在未来的职业中能够不断更新知识、提升能力，实现个人的持续成长。

学科思政平台的建设不仅在深层次上促进了学生的综合素养和个人发展，还在更广阔的层面上对社会和国家的长远发展产生着积极的影响。学科思政平台的引入有助于培养具有国际视野和全球胸怀的人才，随着全球化的深入发展，学生需要具备更加开阔的国际视野和跨文化交流能力。通过在学科教育中引入思政元素，可以帮助学生更好地理解和应对国际社会的复杂性和多样性，培养他们具有开放、包容的国际观，为他们的国际交往和合作提供有力支持。学科教育注重培养学生的专业知识和技能，而思政教育则注重培养学生的社会责任感和创新精神，将二者有机结合，可以激发学生在学科领域中的创新潜力，引导他们关注社会问题并寻求解决方案，这种创新创业精神和实践能力将为国家的科技创新和经济发展注入新的活力。学科教育培养学生的专业素养，思政教育培养学生的思想品德，二者的结合可以培养出具备综合素养和领导力的人才，这些人才不仅在专业领域中具有卓越的能力，还具备积极的社会影响力，能够为社会的发展和进步提供智力和领导支持。同时，学科思政平台的建设能够培养具有社会责任感和公民意识的人才，通过在学科教育中强调社会问题和伦理价值，可以引导学生关注社会问题、参与公益活动，并具备良好的社会责任感，这些具有社会责任感和公民意识的人才将在未来的社会建设中发挥重要作用，推动社会的和谐发展，它能够培养具有国际视野、创新创业精神、领导才能和社会责任感的人才，为社会的进步和发展贡献智慧和力量。学科思政平台的建设对于培养社会主义核心价值观和传承中华优秀传统文化具有重要作用，不仅能够在学生心中树立正确的人生观和价值观，还能够推动社会文明的传承和创新。在学科教育中融入思政元素，可以使学生更加直观地感受到社会主义核心价值观的现实意义和深刻内涵，通过学科案例、实际问题的讨论，学生将能够更深入地思考社会价值观的重要性，形成自己积极向上、正确的人生追求。中华文化博大精深，蕴含着丰富的思想和智慧，通过在学科教育中融入中华传统文化的元素，可以引导学生更好地理解和传承中华文化的精髓，培养他们对中华文化的热爱和自豪感。这有助于推动中华文化的创新和发展，为构建社会主义文化强国提供有力支持。中华文化强调实际应用和创新思维，在学科教育中融入中华文化元素，可以激发学生在学科领域中的创新潜力，引导他们关注社会问题并寻求解决方案。这种创新精神和实践能力将为社会的进步和发展注入新的动力。

二、提升网络思政功效，占领无形战场

随着信息技术的飞速发展，网络思政已成为构建高校"大思政"育人体系的重要组成部分。提升网络思政的功效能够有效地占领无形战场，实现广泛覆盖和深入影响，为学生提供全方位的思想引导和教育。《关于新时代加强和改进思想政治工作的意见》明确指出，要巩固壮大主流思想舆论，坚持正确政治方向、舆论导向、价值取向，把思想政治工作融入主题宣传、形势宣传、政策宣传、成就宣传、典型宣传中，落实到党报党刊、电台电视台、都市类报刊和新媒体等各级各类媒体，不断提高新闻舆论传播力、引导力、影响力、公信力。高校可以通过官方网站、微博、微信公众号等多种渠道，发布有关思想政治教育的内容和活动信息。学生可以在任何时间、任何地点通过互联网接触到丰富的思政资源，参与线上讨论和互动交流。这种时时刻刻

的网络思政宣传和引导，为学生提供了更加便捷、多样化的学习途径，使思政教育更加贴近学生的生活和需求。习近平总书记指出："要提高网络文化产品的思想性、艺术性、科学性、亲和力，用好网络平台传播正能量。"这体现了网络思政在引导正能量、传播积极价值观方面的作用。通过提升网络思政的功效，高校能够在无形战场上占领制高点，实现对学生思想的广泛渗透和教育影响。中国的政策法规和中外国家领导人的讲话都明确了网络思政在构建高校"大思政"育人体系方面的重要作用。通过有效利用网络平台，我们能够更好地传递正能量，引导学生树立正确的价值观和行为准则，培养他们的创新精神和社会责任感。

拓展网络思政的实践领域，对于构建高校"大思政"育人体系具有重要意义，将网络思政延伸到学生的学习、生活和社交领域，能够增强育人效果，深入影响学生的思想观念和行为习惯。中国的政策法规也明确提出要拓展网络思政的实践领域。《中共中央关于加强网络文明建设的意见》中强调要创新网络宣传方式方法，深入开展网上主题教育。这表明了在网络思政中注重创新方式和开展主题教育的重要性。目前部分高校通过在线学习平台开设了一门名为网络素养与思政教育的课程。这门课程不仅传授学生网络素养的知识和技能，还融入了思政教育的内容，引导学生正确使用网络、维护网络安全，培养正确的网络行为和价值观。同时，学生在课程中也会参与到线上讨论、团队合作等活动中，提升他们的交流能力和团队意识。习近平总书记指出："要坚持正确导向，推出一批具有思政特点、德智体美劳全面培养特点、适应信息化时代要求的网络教育精品。"这体现了在网络思政中注重培养学生的全面素质和适应信息化时代的要求。通过拓展网络思政的实践领域，高校能够更加全面地影响学生的思想和行为，提升育人效果，通过将网络思政与学生的学习、生活和社交结合起来，我们能够更加有效地引导学生形成正确的价值观，培养他们的创新意识和社会责任感。

加强网络思政的评估和监管是构建高校"大思政"育人体系的重要环节，

通过对网络思政的质量和效果进行评估和监管，能够确保思政教育的有效性和可持续性，同时提升育人体系的整体水平。为了确保网络思政的质量和效果，高校应该建立一套完善的评估机制，通过对网络思政平台的内容进行审核，确保宣传的思想观念符合党的教育方针和国家政策，应该定期对网络思政的效果进行评估，通过问卷调查、学生反馈等方式了解学生的接受程度和思想变化情况，以及对网络思政活动的满意度。通过加强网络思政的评估和监管，高校能够保证思政教育的质量和效果，实现育人体系的可持续发展。中国的政策法规和中外国家领导人的讲话都强调了对网络思政的监管和评估的重要性。通过建立完善的评估机制，高校能够确保网络思政的内容符合教育方针和政策，同时通过评估学生的接受程度和思想变化情况，不断提升育人效果。

加强师资队伍建设是构建高校"大思政"育人体系中不可或缺的一环。只有拥有专业化的师资队伍，才能够提供高质量的网络思政教育，有效引导学生的思想和价值观。中共中央印发《关于加强和改进新形势下高校思想政治工作的意见》提出要培养高素质的思政课教师队伍，加强教师队伍建设，这表明了高校在构建"大思政"育人体系中应注重师资队伍的培养和发展。为了提升网络思政的专业水平和教学能力，高校应该开设专门的网络思政教师培训课程，这门课程应该涵盖网络思政教育的理论基础、教学方法、课程设计等方面的内容，帮助教师掌握网络思政教育的核心要点和教学技巧。此外，高校还鼓励教师参与学术研究和教学实践，提升他们的专业水平和教学能力。通过加强师资队伍建设，高校能够提升网络思政的专业水平和教学能力，确保思政教育的有效传达和引导。高校为教师提供专门的网络思政教育培训，鼓励教师参与学术研究和教学实践，培养出一支高素质、专业化的教师队伍，为学生提供优质的网络思政教育。

第三节 展现"大情怀":创新新形式,把有意义的事做得有意思

一、构建课程思政体系,推进课内全覆盖

构建课程思政体系在高校"大思政"育人体系中的作用绝对不容小觑,通过将思政教育融入各门课程中,实现课内全覆盖,确保每个学生都能够接受系统、全面的思想教育,从而促进他们的全面成长。为了实现这一目标,可以采取一系列措施例如通过课程设计和教学方法的改革,将思政教育内容融入各门课程中,使学生在学习专业知识的同时也能够接受思想教育的熏陶。比如,一些学校在经济学课程中引入了国家发展战略的教学内容,让学生了解国家发展的大局和重要举措,激发他们的责任感和使命感。国内外领导人也对课程思政的重要性有着明确的认识。他们纷纷强调将思政教育融入各门课程中,使学生在学习知识的同时也能够形成正确的思想观念和价值取向。此外,中国的政策法规也明确提出了课程思政的要求。中共中央、国务院印发《关于加强和改进新形势下高校思想政治工作的意见》中明确要求高校将思政教育融入各个学科中,推动课内全覆盖。这些政策法规的出台为高校构建课程思政体系提供了指导和支持。

通过构建课程思政体系,高校能够确保学生在各门课程中都能够接受思想教育,培养他们的综合素质和思维能力。此外,构建课程思政体系在高校"大思政"育人体系中的作用还体现在激发学生的思辨能力和创新精神上,通过将思政教育与学科知识相结合,高校能够培养学生独立思考、解决问题的能力,引导他们在学术研究和实践探索中展现创新思维。为了实现这一目标,高校应该积极开展创新性的课程思政教育。例如,可以在高校的计算机科学专业课程中融入信息伦理和网络安全的思政内容,旨在引导学生思考科技发展与社会伦理的关系,并培养他们的信息安全意识和责任感。另外,一些高

校还鼓励学生参与学科竞赛和科研项目，培养他们的创新意识和实践能力。同时，国际上也有许多成功的案例，如美国的斯坦福大学和麻省理工学院等，在课程设置和教学方法上注重培养学生的创新能力，取得了显著成果。《全日制普通高级中学课程方案（实验）》明确提出，要培养学生的创新意识和实践能力，鼓励他们在课程学习中进行创新性实践活动。通过构建课程思政体系，高校能够激发学生的思辨能力和创新精神。高校通过将思政教育与学科知识相结合，引导学生进行创新性实践，培养他们的创新意识和实践能力。这些举措将为学生的综合发展和未来的创新创业奠定坚实的基础。

构建课程思政体系在高校的"大思政"育人体系中发挥着重要的作用，尤其在激发学生的思辨能力和培养创新精神方面更是不可忽视的。通过将思政教育与学科知识融合在一起，高校为学生提供了思考问题、解决问题的机会，引导他们积极参与学术研究和实践探索，培养他们的独立思维和创新能力。美国前总统奥巴马曾在一次演讲中表示："我们需要培养学生的创新思维，让他们具备解决复杂问题和适应快速变化的能力。"这反映了在当今快速发展的世界中，创新能力对于个人和社会的重要性。以工程学专业为例，课程思政的具体实践可以引入项目式学习，让学生参与实际工程项目，锻炼解决问题的能力和创新思维。同时，通过课程设置和教学方法的创新，学生可以接触到前沿科技的发展和应用，培养他们对技术创新的热情和追求。在国际上，德国的工科教育一直以其注重理论与实践相结合、培养学生创新精神而著称。德国的大学工程课程注重项目实践，学生需要参与实际工程项目并解决实际问题，培养学生的创新能力和团队合作精神。

因此，通过构建课程思政体系，高校能够激发学生的思辨能力和创新精神，高校在课程设计和教学方法上的创新，为学生的综合发展和未来创新创业提供了良好的支持。同时，国内一些高校也积极探索课程思政的创新实践。例如，许多高校的经济学院开设了"创新与创业"课程，旨在培养学生的创新意识和创业精神。在课程中，学生通过实践项目、企业参访等方式，深入了解创新创业的过程和挑战,锻炼自主创新能力和团队协作能力。此外,政府也出台了一系列支持创新创业的政策法规。例如,实施创新驱动发展战略、加强知识产权保护、设立创新创业基金等,为高校学生提供了广阔的创新创业平台和资源支持。这些政策和措施的推动,为高校构建课程思政体系、培养学生创新创业能力提供了重要保障。国际上,也有许多成功的案例可供借鉴。例如,以以色列的特拉维夫大学为例,他们的创新创业课程以开放性、跨学科和实践性为特点,培养了众多创新型企业家和科技创新人才。

构建课程思政体系在高校的"大思政"育人体系中发挥着重要作用。通过将思政教育与学科课程有机结合,高校能够全面培养学生的思想道德素养和学科专业能力。这种有机融合的教育模式受到了中外国家领导人的肯定和支持。中国的政策法规明确要求高校将思政教育贯穿于各门课程中,促进学生的全面发展。以《全日制普通高级中学课程方案(实验)》为例,该方案要求高校将思政教育渗透到学科课程之中,培养学生的社会责任感和创新能力。这为高校构建课程思政体系提供了政策指导。在实际实施中,高校可以通过多种方式推进课程思政体系的建设,常见的做法是设置专门的课程模块或单元,专门探讨与思政相关的主题,如公民教育、社会伦理、科学道德等。这样的课程设置能够引导学生思考社会问题,培养他们的价值观和道德判断能力。另外,高校还可以采用案例教学、讨论课、实践活动等教学方法,通过实际案例和情境引导学生思考伦理道德问题,并提供解决问题的思路和方法。

二、落实日常思政工作,夯实课外主阵地

落实日常思政工作和夯实课外主阵地是打造高校"大思政"育人体系中至关重要的一环。通过贯彻思政教育于学生的日常生活和课余活动中,高校能够全面培养学生的思想道德素养、社会责任感和创新能力。这种教育模式获得了中外国家领导人的一致肯定和认可,中国的政策法规也给予了高校落

实日常思政工作和夯实课外主阵地的有力支持。习近平总书记强调，高校要坚持把思想政治教育摆在首位，始终把立德树人作为中心环节。这一指示明确了构建高校"大思政"育人体系的重要性。为了落实这一指示，高校可以采取多项措施。例如，通过组织学生参加讨论会、座谈会和文化沙龙等形式，促进学生对重大思想问题的思考和交流。同时，开展各类主题讲座和研讨会，邀请知名专家学者就时事热点和社会问题进行深入解读。例如，在清华大学，学生们定期参加的"青年大讲堂"就为他们提供了广泛而深入的思政教育。此外，高校还可以通过开设选修课程和思政实践活动来加强思政教育。通过落实日常思政工作和夯实课外主阵地，高校能够全面培养学生的思想品德和创新能力，为他们的全面发展和成长奠定坚实基础。高校应积极采取相应措施，创造有利的教育环境，确保思政教育工作的有效实施。为了更好地拓展思政教育的影响力，高校可以进一步加强与社会各界的合作与交流。例如，与政府部门、企业机构、社会组织等建立合作伙伴关系，开展联合研究、实践项目和社会服务活动，使学生能够深入了解社会发展现状和面临的挑战，培养他们的社会责任感和创新精神。这种实践有助于拓宽学生的视野，增强他们的社会责任感。《关于加强和改进新形势下高校思想政治工作的意见》明确指出，高校要将思政教育纳入学生教育全过程，通过多种形式和渠道，激发学生的思想活力和创造力。同时，国家对思政教育的投入也在逐年增加，为高校提供了更多的教育资源和支持。

落实日常思政工作、夯实课外主阵地，特别是在课外活动中推动思政教育，对于增强学校的社会影响力和促进社会认同具有重要意义，这一举措不仅有助于学校与社会之间的有效互动，更能够在社会中塑造积极的形象、传递正确的价值观，以及获得良好的社会效益。通过在课外主阵地推动思政教育，学校能够积极参与社会公益事业，为社会发展和进步贡献力量。学校组织学生参与各类志愿活动、社区服务和公益项目，不仅能够满足社会的需求，也能够培养学生的社会责任感和奉献精神，这些积极的社会行为将为学校树立起善良、有爱心、有担当的形象，赢得社会的赞誉和认可。而且推动思政教育在课外主阵地的开展，能够促进学校与社会各界的深入交流与合作，学校可以邀请社会各领域的专家学者、企业家和社会活动家来校开展讲座、交流活动等，为学生提供丰富多彩的学术资源和实践机会，这不仅有助于学生拓宽视野、增强综合素质，也能够加强学校与社会的联系，形成良好的合作局面。通过在课外活动中弘扬社会主义核心价值观，学校能够在社会中传递正确的价值导向，引领社会风尚。在各类文化、艺术、科技等活动中，学校可以积极引导学生关注社会热点、关心国家命运，培养他们的家国情怀和社会担当。这样的努力将为学校赢得社会的尊重和认可，同时也在推动社会文明进步的过程中扮演积极的角色。最重要的是，推动思政教育在课外主阵地的融入，能够加强学生与社会的互动，培养学生的社会意识和创新能力。通过参与社会活动，学生可以更好地了解社会的现实情况，感受社会的脉搏，从而更好地理解自己的使命和责任。这种互动不仅有助于学生成长成才，还能够为社会发展注入新的活力和智慧，能使学生更好地融入社会和未来更快地融入工作。这一举措不仅在教育形式上有所创新，更在教育内容和影响范围上产生深远影响。首先，夯实课外主阵地能够拓展思政教育的渗透面和深度。课外活动通常贴近学生的兴趣和需求，使得思政教育能够以更加生动有趣的方式呈现，进而引发学生的浓厚兴趣，这种兴趣驱动的学习方式能够激发学生的主动性和创造力，使他们更愿意深入思考和探索，通过不同类型的课外活动，如学术讲座、文化沙龙、社会实践等，学生能够从多个维度接触和感知思政教育，提高思政教育的多样性和立体性。其次，夯实课外主阵地有助于将思政教育与现实社会紧密结合，使其更具实际意义。在课外活动中，学生常常能够直接面对社会问题、现实挑战，通过亲身体验和参与，更深刻地理解思政教育所强调的核心价值观。例如，在社会实践中，学生可以目睹社会不公与贫困现象，这将激发他们关心社会、关爱弱势群体的情感和愿望，这种实践性的思政教育能够使学生更好地将所学理论与实际情况相结合，培养他们的社会责任感和使命感。夯实课外主阵地也能够为学生提供更多的交流与合作机会，促进学生的全面发展。在课外活动中，学生往往需要与他人合作、协调，从而培养团队协作能力和沟通能力，这些能力的培养不仅在学术领域有益，更在将来的社会生活和职业发展中发挥重要作用。而且，课外活动还能够培养学生的领导才能、创新能力和组织能力，使他们在面对复杂多变的社会环境时能够更好地应对挑战。最重要的是，夯实课外主阵地能够形成更加宽广的影响范围，进一步传播和弘扬正确的价值观，课外活动不仅仅局限于校园内，还涵盖了社会的各个领域，通过在社会活动中开展思政教育，学生能够将所学的理论与社会实践相结合，从而在更广泛的范围内传递正确的价值观。这种影响范围的扩大将使思政教育产生更大的社会效益，促进社会文明进步。

第四节　美化"大环境"：优化育人软因素，提升思政亲和力

一、发挥文化思政功能，营造育人软环境

高校可以采取更多创新举措来优化文化思政课程。应引入跨学科元素，将艺术、文化、历史与政治、哲学相结合，以探讨文化与政治的互动关系。例如，可以开设以文学作品中的政治主题为基础的课程，或者探讨艺术作品如何反映社会政治现实，课程可以引入文化比较和跨文化交流，培养学生的跨文化敏感性，通过研究不同文化之间的相似性和差异性，学生将更深刻地理解文化背后的价值观念。这些举措将使文化思政课程更加多元化和有深度，帮助学生更好地理解文化与政治的复杂关系，跨学科的教学方法将促使学生打破学科壁垒，形成更全面的思维方式，为未来的跨领域合作和领导能力的

培养打下基础。随着时代的变迁和社会的发展，新文化形式不断涌现，如电影、音乐、舞蹈、文学等，这些新兴文化形式既满足了学生的审美需求，又反映了时代的特点和社会的进步。因此，我们可以通过支持高校文化创意产业的发展，鼓励学生欣赏和创作出更多具有时代特色和艺术价值的作品，丰富高校的文化生活，提升学生们的审美情趣。通过参与文化研究项目，学生将提高批判性思维和独立研究的能力，培养深入分析社会现象的技能，为未来的学术生涯和社会参与奠定坚实基础。多元化的文化思政课程不仅有助于学生全面理解社会和政治问题，还能培养其批判性思维、跨文化交流和研究能力，为构建"大思政"育人体系提供了坚实的基础，这些课程将为学生提供丰富的学术体验，激发他们对文化和政治的兴趣，使他们能够更积极地参与社会和国际事务，成为具有全球视野的领袖和公民。

发挥文化思政功能，提供丰富多样的文化资源和精神滋养是构建高校"大思政"育人体系中不可或缺的一环。高校通过打造图书馆、艺术展览、文化节等文化设施和活动，让学生深入感受博大精深的文化魅力。例如，学生可以在校园图书馆里畅读经典著作，欣赏优秀的艺术作品，参与文学、音乐、戏剧等形式多样的文化活动。这样的环境能够激发学生的艺术兴趣，培养他们的审美情趣和文化素养。为了充分发挥文化思政功能，高校可以在校园内推广各种艺术和文化活动，以丰富学生的文化体验和审美情感。这些活动包括音乐会、戏剧表演、艺术展览、文化节、文学讲座等。为了进一步丰富体验，高校还可以考虑以下扩展和深化举措：（1）跨学科文化项目：创建跨学科的文化项目，将不同学科领域的学生和教师汇聚在一起，共同参与文化创意和演出，比如，音乐专业学生与文学专业学生合作创作音乐剧，或者艺术专业学生与历史专业学生一起策划文化展览。这些项目不仅提供了艺术和文化的展示平台，还促进了不同学科之间的互动，鼓励学生跨界思考，培养创新和合作精神。（2）国际文化交流：高校可以鼓励学生参与国际文化交流活动，如文化交流学期、国际文化节等。这些机会可以让学生接触不同国家和文化，深化跨文化理解，国际文化交流有助于培养全球视野和国际交往能力，使学生更好地融入全球社会，为国际事务和跨国合作做好准备。(3) 社区参与：高校可以与当地社区合作，将艺术和文化活动带到社区中，让学生参与社会服务和文化推广，学生可以在社区中组织文化工作坊或表演活动，社区参与不仅有助于传播文化，还培养学生的社会责任感和公民意识，使他们成为社会的积极参与者。通过这些扩展和深化举措，高校可以更好地发挥文化思政功能，为学生提供更丰富、更深入的文化体验。这不仅有助于提高学生的审美情感和文化修养，还培养他们的创新、合作和社会参与能力，为他们的个人成长和未来职业生涯打下坚实基础，同时，这些活动也有助于将校园文化与社区和国际社会联系起来，形成更加开放和包容的文化氛围。国内的政策法规对高校文化思政工作提供了明确的指导和支持，党的十九大报告中提出要建设社会主义文化强国，弘扬中华优秀传统文化，培育和践行社会主义核心价值观，国家对文化事业和思政教育给予了高度重视，鼓励高校与文化机构、社会组织开展合作，促进文化与思政教育的融合发展。国际上，许多国家也认识到文化在思政教育中的重要作用。法国的教育家孔德曾说过："没有文化的教育就是空洞的。"这些思想与中国的理念不谋而合，都强调文化对于人的修养和思想塑造的重要性。高校应当充分发挥文化思政功能，为学生提供多样化的文化资源和活动，让他们在艺术、文学、音乐等领域中感受到美的力量。同时，学校也要与社会机构合作，共同推动文化与思政教育的融合，培养出有着良好文化素养和思想道德修养的学生成为社会主义建设者和接班人。

营造育人软环境，打造积极健康的学习和生活氛围在构建高校"大思政"育人体系中扮演着关键角色，这种环境能够为学生提供积极向上的学习和成长氛围，帮助他们培养正确的价值观和积极的人生态度。有政策法规明确指出高校要加强思想政治教育，营造育人软环境，中共中央、国务院印发的《关于进一步加强和改进大学生思想政治教育的意见》强调，高校要注重培养学生的思想道德素质，倡导积极向上的学习风气，营造积极健康的学习和生活环境。学校应该是培养学生品德和塑造人格的重要场所。为营造育人软环境，高校可以采取一系列措施。例如，建立和谐友好的师生关系，鼓励师生之间的互动和交流。学校还应注重心理健康教育，提供心理咨询和辅导服务，关注学生的身心健康。通过营造积极健康的学习和生活氛围，学校能够培养学生的自信心和自主学习能力。学生在这样的环境中能够更好地发展个人潜能，充实自己的知识和技能，成为具有良好品德和积极人生态度的社会栋梁。高校可以积极推动文化交流和对话活动，以促进学生对不同文化、观点和经验的理解和尊重。为了进一步丰富这一举措，可以组织国际文化节，邀请国际学生和外国使节参与，展示各国的文化表演、美食和艺术品，这不仅能够让学生近距离感受多元文化，还有助于国际的友好交流，开阔学生的国际化视野，培养学生的国际交往能力和文化包容性。与此同时，提供学生参与国际文化交流项目的机会，鼓励他们去国外学习、实习或参与志愿服务，这将使他们深入体验其他国家的文化，增强全球化竞争力。文化交流项目不仅为学生提供丰富的国际经验，还培养他们的适应性和国际意识。通过这些扩展和深化举措，高校将更好地培养学生的文化包容性、国际交往能力和文化智慧，这不仅有助于学生在全球化时代更好地融入国际社会，还将为他们的跨文化合作和国际事务参与提供有力支持。同时，这些活动也将营造出一个充满多元文化和跨文化对话的校园环境，培养学生的开放思维和全球视野。

落实日常思政工作，夯实课外主阵地在构建高校"大思政"育人体系方面起着重要作用，通过日常思政工作的开展，高校能够全面培养学生的思想道德素养和创新能力。一些大学通过开设讨论班、座谈会和辩论赛等形式，促进学生思辨能力和表达能力的培养。这些活动使学生能够更好地思考和分析问题，培养批判性思维和创新精神。习近平总书记在多个场合都提到了高校思政教育的重要性，并强调高校要加强日常思政工作，培养学生的思想道德素养和创新精神。高校要将思政教育贯穿于学生教育全过程，注重培养学生的创新能力和实践能力。因此，高校应当注重日常思政工作的开展，通过多种形式和渠道激发学生的思想活力和创造力。高校可以设置创新创业相关的课程，并开展创业实践项目，为学生提供创新创业的平台和机会。通过这些课程和项目，学生可以学习创新思维和创业技能，培养解决问题的能力和创新意识，从而激发他们的创造力和创业潜力。同时，学校还可以建立学生社团和科研团队，提供创新实践的机会，让学生在实践中锻炼能力，为学生提供良好的学习和成长环境，将他们培养成为具有独立思考和创新能力的社会栋梁。

二、网络意识形态安全面临挑战之原因

网络意识形态安全面临挑战的原因是多方面的，信息技术的迅猛发展使得互联网成为信息传播的主要渠道，各种观点和价值观在网络上广泛流传，人们的思想受到了更广泛和深入的影响。然而，这也带来了信息泛滥、谣言传播、网络欺诈等问题。例如，在社交媒体上流传的虚假信息和谣言可能对社会秩序和个人信任造成不良影响。其次，网络的开放性和匿名性使得人们可以自由表达观点，但也存在着恶意攻击、网络欺凌等问题，这些挑战使网络成为意识形态传播和渗透的重要场所。

在面对这些挑战时，高校"大思政"育人体系在应对网络意识形态安全挑战方面发挥着关键作用，高校可以通过加强网络安全教育，引导学生正确使用网络，抵制网络谣言和有害信息的影响。习近平总书记在中国共产党中央委员会全国教育工作会议上强调，要加强网络安全教育，引导学生树立正确的网络安全意识，培养辨别虚假信息和网络谣言的能力。高校应该做好网络空间的开放性和安全性之间的平衡。首先，可以通过网络伦理课程的设置，让学生深入了解网络空间中的伦理道德原则，例如尊重他人隐私、保护知识产权、拒绝网络暴力等，这不仅有助于学生了解正确的网络行为准则，还培

养了他们的道德责任感。其次，高校可以鼓励学生积极参与网络公益活动，如网络志愿者服务、网络道德倡导等，让他们在实践中体验到积极的网络价值观的力量。此外，高校还可以定期举办网络伦理与道德研讨会，邀请专家分享案例和经验，引导学生积极参与讨论，达成共识。这些举措有助于学生全面理解网络伦理和道德的重要性，使他们在网络空间中更加自觉地遵守规则、维护秩序，构建和谐的网络社会。同时，通过参与网络公益活动和研讨会，培养学生的社会责任感和公民意识，为建设网络伦理社会贡献力量，构建更加和谐的"大思政"育人体系。在思政课程中，可以组织讨论和辩论活动，引导学生思考网络意识形态安全的挑战和解决办法。通过案例分析，学生可以了解虚假信息和网络谣言对社会和个人的影响，并学会辨别真伪，提高自己的防范意识。

在构建高校"大思政"育人体系中，培养学生的网络素养是至关重要的一环。高校应当致力于帮助学生掌握关键的网络安全知识和技能，以便他们更好地适应信息社会。首先，高校可以设置网络安全课程，覆盖密码管理、反垃圾邮件、隐私保护、网络病毒防护等方面的内容，这些课程不仅要传授理论知识，还要包含实际操作，让学生能够自主保护个人信息和设备安全。其次，高校可以鼓励学生主动参与网络安全竞赛和实践项目，提供实际应用的机会，锻炼他们的网络技能。再次，高校应当定期更新网络素养课程，以适应不断演变的网络威胁和技术。这些举措将有助于学生更好地应对网络安全挑战，提高他们的网络自我保护能力。同时，培养网络素养还将为学生未来的职业发展和社会参与提供有力支持，因为在现代职场中，对网络技能的需求日益增长，通过网络素养的培养，高校将培养出更具综合素质的毕业生，为构建"大思政"育人体系提供坚实基础。最后，高校还可以开展网络安全教育活动，提供相关知识和技能培训。可以邀请网络安全专家进行讲座和培训，向学生介绍网络安全的基本知识和防范技巧。通过互动式的学习方式，学生可以了解网络攻击的手段和防范措施，并学会保护个人信息和隐私。在学校层面，可以积极建立网络安全研究中心，这个中心将充当学术研究和实践的重要枢纽，具有以下作用。第一，网络安全研究中心可以集结学校内外的网络安全专家，包括教师、研究员和业界从业者，共同探讨网络意识形态安全的前沿问题，有助于高校更深入地了解网络风险和挑战，将理论知识与实际经验相结合，为学生提供权威指导和教育资源。第二，网络安全研究中心可以促进学生参与研究项目和实践活动，培养他们的研究能力和实际操作技能，学生将有机会参与网络安全项目、演练和模拟演习，锻炼他们在网络安全领域的专业素养；中心还可以组织网络安全研讨会、国际学术交流和公众教育活动，促进学术交流和社会影响力的扩展。第三，建立网络安全研究中心不仅有助于高校在网络安全领域发挥积极作用，还将培养出更多专业的网络安全人才，为国家网络安全水平的提高提供强有力的支持。同时，通过学生的参与和社会交流，高校将促进网络安全意识的传播和推广，共同维护网络空间的安全与稳定。这个研究中心不仅是高校"大思政"育人体系的一部分，也是国家网络安全战略的有力支持，为构建安全的网络环境和维护国家利益起到重要作用。

第五节　稳抓"大方向"：做好顶层设计，实现制度创新

制订顶层设计方案是构建高校"大思政"育人体系的重要步骤，顶层设计方案应明确高校"大思政"育人体系的核心任务，包括培养学生的爱国主义精神、社会主义核心价值观和创新创业精神等。在制订方案时，需要充分考虑党和国家领导人在思政教育方面的重要讲话和指示，他们强调了高校思政教育的重要性，要求坚持正确的政治方向，推动马克思主义在思想教育领域的创新发展。顶层设计方案还应明确高校思政教育的原则，如坚持以马克

思主义为指导，贯彻党的教育方针，推动社会主义核心价值观的传承和弘扬，以及突出立德树人的根本任务等。制订顶层设计方案时，需要广泛征求各方意见，包括教师、学生、家长、社会各界等，以确保方案的科学性和实施的可行性。此外，顶层设计方案还应明确思政教育的评估和监督机制，包括定期的评估和检查，以及建立有效的学生评价和教师评价体系。通过制订具体、明确的顶层设计方案，高校可以统一思政教育的目标和方向，明确任务和责任，为后续的实施提供有力的指导和支持。顶层设计方案不仅能够与国家教育政策和发展战略相契合，还能够反映高校自身的特点和定位，为高校"大思政"育人体系的构建和实施提供坚实的基础。

　　健全制度建设是实现高校"大思政"育人体系的基础和保障，在制度建设过程中，需要注重制度的科学性和灵活性，确保其适应高校思政教育的特点和需求。要制定具体的思政教育纲要、教学大纲和评估指标，为教师和学生提供明确的教学和学习要求。高校应该建立健全教师培训机制，提供专门的培训课程和研讨会，提升教师在思政教育方面的理论素养和教育能力。同时，建立教师交流和互助的平台，促进教师之间的经验分享和共同成长。学生是高校"大思政"体系的主体，我们强调学生参与的机制建设，鼓励学生参与思政教育的课程设计、活动组织和评估反馈等，建立学生代表制度、学生社团组织等参与机制，让学生在思政教育中发挥积极的主体作用。加强思政教育的质量评估和监督机制，开展内部评估、外部评估和学生评价等多层次、多维度的评估。通过评估结果，及时发现问题并采取有效的改进措施，提升思政教育工作的质量和水平。在制度建设中，还应注重与其他高校和教育机构的合作与交流。通过共享经验、开展合作研究、举办学术交流会议等方式，推动思政教育的创新和改革，提高高校"大思政"育人体系的有效性和可持续性。通过健全制度建设，高校能够确保思政教育工作的规范化、科学化和可持续发展。这包括建立科学合理的教学和评估机制，提升教师和学生的教学和学习水平，同时加强与其他高校和教育机构的合作与交流，推动思政教育的创新和发展。在制度建设与创新过程中，高校还应该加强师资队伍建设，培养专业化、教育教学能力强的思政教育师资。通过招聘优秀的教师、提供进修和研修机会，不断提升教师的学科素养和教育教学水平。同时，鼓励教师参与学科研究和教育教学改革，促进思政教育的理论和实践创新。我们还要充分利用和整合校内外的教育资源，为思政教育提供多样化的教学内容和实践机会。这包括图书馆、数字资源、实验室、社会实践基地等各类教育资源。通过与社会各界的合作，采取校外实习、企业合作等形式，让学生接触真实社会，增强实践能力和职业素养。政府需要提供充足的财务资源，支持思政教育的开展，高校应加大对思政教育的投入，包括设立专项经费、设施建设、奖学金和奖励制度等方面的支持，同时，鼓励校友、社会捐赠等方式的资金支持，拓展思政教育的资源。

国际交流与合作在构建高校"大思政"育人体系方面扮演着重要角色，高校应加强与国外高校和教育机构的合作，借鉴和吸收国际先进的思政教育理念和经验，通过建立友好合作关系，开展教师互访、学术交流、合作研究等活动，推动思政教育的国际化。在国际交流与合作中，可以分享成功的案例、教学资源和课程设计。通过合作研究和学术交流会议，促进教师之间的思想碰撞和教育理念的交流，进一步提高思政教育的质量和水平。我们要引进国外先进的课程和教材，结合本国国情进行适度调整和创新，培养学生具备全球视野、跨文化交流能力和国际竞争力。与此同时，还可以为学生提供海外学习和交流的机会。开展学生交流项目、国际夏令营、留学生互动等活动，让学生亲身体验不同文化和社会背景，拓宽他们的国际视野和全球意识。建立国际教育合作机构和项目，提供国际交流与合作的平台和支持。与国际组织和教育机构合作，共同开展教育研究、举办国际学术会议等活动，促进思政教育领域的跨国合作与交流。通过国际交流与合作，高校可以开拓视野、拓展思政教育的国际化。借鉴国际先进经验，结合本国国情，促进思政教育的创新和改革。同时，通过与国外高校和教育机构的合作，为学生提供丰富的国际化学习体验，培养具有全球视野和跨文化交流能力的人才，为他们的未来发展奠定坚实的基础。

第六节　落实"大作为"：精选人才，培育专业化教师队伍

一、以师德为第一目标，提升教师综合能力

在高校"大思政"育人体系中，将师德作为第一目标具有重要意义。师德是教师的道德品质和职业操守的体现，是教师在教育教学中应遵循的行为规范和伦理要求。高校教师作为学生道德品质形成的重要影响力，他们的言行举止对学生的价值观和行为准则具有重要的引导作用，培养高尚师德需要教师树立正确的教育理念和职业追求，教师应将学生的全面发展和人格培养放在首位，关注学生的思想、品德、学识和能力的培养。高校应加强师德教育，引导教师从内心深处树立教育教学的责任感和使命感，并且建立师德评价和奖惩机制，通过多方面、多指标的评价体系和激励措施，充分肯定践行高尚师德的教师，激励教师向德才兼备的目标努力。在建立评价机制的过程中，要借鉴国内外成功经验和最佳实践，建立起教师师德建设的长效机制，持续关注和培养教师的道德修养和职业素养。高校通过培养高尚师德，使高校教师能够以身作则，成为学生道德品质的榜样和引领者。教师通过践行高尚师德，不仅能够对学生产生积极的影响，还能够提升教育教学质量，推动高校"大思政"育人体系的有效实施。

在构建高校"大思政"育人体系中，提升教师的学科素养和教育教学能力是至关重要的。教师的学科素养是构建高校"大思政"育人体系的基础，教师应具备扎实的学科知识和专业能力，深入理解思政教育的理论基础，掌

握相关学科的前沿动态和研究成果。提升教育教学能力是教师实施思政教育的关键。教师应不断提高教学方法和策略的运用能力，注重培养学生的创新思维和批判思维，促进学生的自主学习和问题解决能力的发展。高校应提供教师培训计划和资源，支持教师进行教学研究和教育教学改革实践。培训包括教学设计、课堂管理、评估方法等方面，帮助教师提升教学水平和专业能力。教师应积极参与学科研究和教育教学改革，推动教育教学的创新和提高。高校应提供支持，鼓励教师开展教学研究项目、参与教学团队，为教师提供发展平台和资源支持。与此同时，高校应重视教师的身心健康，提供良好的工作环境和个人发展空间，关注教师的工作压力和情绪状态，积极营造和谐的教育教学氛围，为教师的综合能力提升提供有力支持。通过提升教师的学科素养和教育教学能力，高校能够确保思政教育的专业性和科学性，教师的学科素养和教育教学能力的提升能够为思政教育提供丰富的学科内容和教学方法，为学生的综合素质培养和人格发展提供坚实的基础。同时，高校还应鼓励教师积极参与教学研究和教育教学改革，推动教学模式和教育教学理念的创新，不断提升教师的教育教学能力和思政教育的质量。

教师的思政教育理论素养对高校"大思政"育人体系的建立起到至关重要的作用。教师需要具备深厚的思政教育理论素养，理解和把握马克思主义的基本原理和思想方法，应对马克思主义哲学、政治经济学、科学社会主义等基础理论有深入的理解，能够将其运用到思政教育实践中。与此同时，教师应了解和掌握思政教育的基本理论和方法，包括思政教育的目标、内容、手段和评价等方面。他们应该清楚思政教育的特点和要求，能够根据学生的特点和需求，设计有效的教学方案和活动。在这种情况下，高校应加强教师的思政教育理论学习和研究，通过教学研讨、学术会议、研究项目等形式，提升教师在思政教育理论方面的创新和深化。教师的思政教育理论素养还包括对当代社会、时事问题的了解和分析能力，只有持续关注社会热点、国家政策等与思政教育相关的议题，教师在教学过程中才能通过教学和讨论引导学生对社会问题进行深入的思考和分析，不断提升学生的分析能力。高校可以设立专门的思政教育研究中心或学科，促进教师对思政教育的理论研究和创新，鼓励教师参与学术交流、撰写论文和出版著作，提升思政教育的学术声望和影响力。通过培养教师的思政教育理论素养，高校能够确保思政教育的理论基础和科学性。教师的思政教育理论素养的提升能够为思政教育提供科学、系统、全面的教育理念和方法，使思政教育更加有效和有针对性。教师通过不断深化对思政教育的理论理解和研究，能够更好地引导学生，使其在道德、人文、社会等方面得到全面的教育和培养。与此同时，高校要建立教师评价体系和激励机制，为教师提供广阔的发展空间和职业晋升的机会，其中的教师评价部分应注重综合素质和专业能力的评估，包括教学质量、科研成果、教学改革、社会服务等方面的考核。通过评价结果，激励教师不断提升自身素质和教学水平。在建立职称评定体系时，要为教师的职业发展提供明确的路径和目标，职称评定应以教学、科研和教育管理等方面的综合能力为依据，注重教师在思政教育领域的实际贡献和专业发展。高校应关注教师的职业发展和个人成长，提供培训、研讨会、学术交流等机会。教师发展计划可以包括教师培训课程、学术导师制度、研究项目支持等，帮助教师提升综合能力和专业水平。通过建立良好的教师发展机制，高校能够促进教师的专业发展和个人成长，提高教师的教育教学能力和综合素质。良好的发展机制能够激励教师积极投入思政教育工作中，不断提升自身的能力和水平，为高校"大思政"育人体系的有效实施提供坚实的支持。同时，教师发展机制还能够形成有利于教师成长和创新的氛围，推动教育教学改革的持续进行。

二、教师队伍职业化、专业化、专家化

（一）职业化

教师队伍的职业化意味着教师不仅仅是一种职业选择，还需要承担着教

育职业的责任和使命。教师应以教育为事业，将教育工作视为一种专业的承诺，具备对学生和社会的责任感。他们应该具备深厚的学识、教育教学能力和道德修养，以提供优质的教育服务。职业化的教师队伍能够建立起一套科学的教育教学规范和行为准则，明确教师的职责和职业道德要求。教师应遵守教育伦理，尊重学生的人格和权利，秉持公正、公平、公开的原则开展工作。教师职业化的体现还包括不断提升自身的专业素养和教学能力。教师应积极参与教育教学改革，持续学习和专业发展，为学生提供高质量的教育教学服务。高校应建立健全的职业发展机制，为教师提供发展空间和晋升机制。教师职业发展路径应明确，包括职称评定、岗位晋升等，使教师在职业发展中有明确的目标和动力。与此同时，职业化的教师队伍还需要得到社会的尊重和支持，社会应重视教师的专业角色和社会地位，给予他们应有的待遇和荣誉，营造尊师重教的良好社会氛围。由此，高校能够建立起一支充满热情、有责任感、具备专业素养的教师队伍，职业化的教师队伍能够确保教学工作的规范性和专业性，为高校"大思政"育人体系的有效实施提供可靠的基础。同时，职业化的教师队伍还能够吸引更多优秀的人才加入教育行业，提升整个教育系统的质量和声誉。

  教师在思政教育中扮演着关键的角色，因此需要不断提升他们的教育教学水平和专业素养。为实现这一目标，高校可以采取一系列举措，包括定期举办教育培训研讨会，邀请国内外专家分享最新的思政教育理论和方法，高校还可以鼓励教师积极参与教育研究项目，推动思政教育的不断创新和发展。持续的教育培训不仅有助于教师更新教育观念，还能提高他们的教学技能，让他们更好地应对学生多样化的需求。教育培训与持续发展使教师能够不断提高自身的专业素养，更好地适应快速变化的社会和时代，有助于构建更加具有活力和吸引力的"大思政"育人体系，为学生提供更丰富、更有深度的思政教育经验，使他们更好地理解和践行核心价值观，成为具有社会责任感和领导力的新一代公民。同时，高校也应该制定长期的职业发展规划，为教师提供晋升和成长的机会，激发他们的工作热情和创造力，推动高校"大思政"育人体系的不断完善和发展。提高高校教师队伍的职业化水平还包括鼓励教师积极参与研究与实践，这一举措的核心在于将教育者变成教育的实践者和创新者。高校可以建立研究项目和实践平台，为教师提供探索思政教育的机会。首先，教师可以积极参与思政教育课程的设计和更新，借鉴国内外先进的教育理念，将最新的教育技术和方法融入教学中，使课程更具吸引力和互动性。其次，教师可以参与社会实践项目，亲身体验社会问题和挑战，将这些实践经验带回课堂，为学生提供生动的教育案例和启发性的教育资源。此外，教师还可以参与教育研究，深入探讨思政教育的理论与实践，不断提高思政教育的质量。研究与实践有助于教师更好地理解思政教育的本质和使命，从而更富激情地投入教育工作中；教师的专业化研究成果和实践经验将为学生提供更丰富和多样的教育资源，帮助他们更好地理解社会和政治问题，培养批判性思维和综合素质；专业化研究还能促进思政教育领域的知识传播和创新，为高校"大思政"育人体系的不断发展和壮大提供有力支持。通过教育培训和研究与实践，高校将培养出更具教育热情和创新精神的教师队伍，他们将成为思政教育的引领者和践行者，为学生提供更高质量的思政教育，推动高校"大思政"育人体系的不断完善和创新，构建更加丰富和多样化的育人环境。同时，高校也应该鼓励和支持教师参与学术研究和社会实践项目，为他们提供专业成长和职业发展的机会，以激发他们的工作激情和创造力，共同推动高校"大思政"育人体系的蓬勃发展。

（二）专业化

高校构建"大思政"育人体系的核心在于培养具备高度专业素养的思政教育师资队伍，为此，建立专业化培训与持续发展机制至关重要。教师需要不断更新自己的思政教育理念、方法和知识，以适应不断变化的社会和学生需求。高校可以通过定期举办专门的思政教育培训课程。这些培训不仅包括思政教育的理论研究，还包括现代教育技术的应用、教育心理学等相关领域的知识。通过这些培训，教师能够更好地了解思政教育的本质，不断提高自己的教育水平和专业素养。高校还应鼓励教师积极参与学术研究，科学研究并不仅仅是理工科所需要的，思政教育领域也需要其特有的研究项目，这有助于教师深入理解思政教育的理论基础，还能为思政课程的内容和教育方法提供更多创新和实践经验，研究成果将直接影响到思政教育的质量和深度。同时，高校可以建立专门的研究中心或平台，为教师提供资源和支持，鼓励他们深入思政教育领域进行研究，不断推动思政教育的发展和进步。这一专业化培训与持续发展的机制将使教师始终保持教育热情和求知欲，更好地履行思政教育的使命。他们将更有信心和能力引导学生深入思考社会和政治问题，培养学生的批判性思维和创新能力，促使学生更好地理解和践行社会主义核心价值观。这一机制不仅有益于构建高校"大思政"育人体系，还将为国家培养更多高素质、有社会责任感的公民贡献力量。同时，高校也应鼓励教师在教育培训和学术研究领域的成就得到公平的评价和激励，为他们的职业发展提供更多支持和机会。

专业化的教师队伍意味着教师具备深厚的学科知识和教育教学能力，教师应该持续提升自己在所教学科领域的专业素养，深入了解学科的基础理论和前沿发展，将其运用到教学实践中。专业化的教师队伍能够为思政教育提供科学的学科内容和教学方法，教师通过丰富的学科知识和教学经验，能够设计和实施符合学生认知规律和学科特点的教学方案，提高思政教育的质量和效果。教师的专业化还包括对教育教学理论和方法的深入研究和应用，教师应该关注教育教学领域的最新研究成果和教学改革经验，不断更新自己的教学观念和教学技能，提高教学效果和学生参与度。高校应提供教师专业发展的支持和机会，包括学术研讨会、专业培训、研究项目等，教师可以与同行进行学术交流、合作研究，共同推动学科发展和教育教学的创新。专业化的教师队伍需要注重教学实践的反思和总结。教师可以通过课堂观摩、教学反馈和同行评议等方式，不断改进自己的教学方法和策略，提升学生的学习效果和综合素质。通过推进教师队伍的专业化，高校能够建立起具有专业素养和教育教学能力的教师团队。专业化的教师队伍能够为思政教育提供科学、系统、有针对性的教育教学内容和方法，促进学生的全面成长和发展。同时，专业化的教师队伍还能够推动学科发展和教学改革的不断进行，为高校"大思政"育人体系的有效实施提供坚实的支持。教师队伍的专业化能不断促进教育教学质量的提升，随着社会的不断发展和知识的快速更新，教师需要持续学习和深入研究，以跟上时代的步伐，专业化意味着他们能够不断更新教学内容和方法，提供更加符合学生需求的教学，增强学生的学习动力和兴趣，从而提高整体教育教学质量。专业化的教师队伍有助于形成富有特色的思政教育。教师在学科研究和教学实践中积累了丰富的经验和独到的见解，能够将学科知识与思政教育目标相融合，创设独具特色的思政教学模式。通过将学科知识与思政教育有机结合，教师能够引导学生从学科学习中汲取人文精神、价值观念和社会责任，形成富有内涵的思政教育内容。专业化的教师队伍有利于推动教育改革和创新。教育改革是推进高校思政教育体系建设的重要保障，专业化的教师队伍能够更好地参与教育教学改革的探索和实践，教师队伍对教学问题的深入思考和持续探索，能够为高校提供更加灵活、多样化的教学模式和教育教学手段，从而不断推进思政教育的创新。教师作为高校"大思政"育人体系的重要组成部分，其专业素养和教学水平直接影响着思政教育的质量和效果。专业化的教师队伍不仅能够在学生中树立良好的榜样形象，更能赢得社会的尊重和认可。社会对教师队伍的认可和支持将为教师的教育教学工作提供更多的动力和资源。

高校构建"大思政"育人体系的另一个关键举措是建立思政教育的专业研究中心或机构，以促进思政教育的深度研究和不断创新。这些专业研究中心可以扮演多重角色，为高校的思政教育提供坚实的学术和实践支持。专业研究中心可以开展跨学科的思政教育研究项目，涵盖政治、伦理学、社会学、心理学等多个领域,这有助于深化对思政教育的理论认识,推动思政教育从多维度、跨领域的角度进行探索,为高校"大思政"育人体系的发展提供学术支持。这些中心可以组织国内外学术研讨会、讲座和学术交流活动,吸引思政教育领域的专家学者和教育从业者,分享最新的教育理论和实践经验,这有助于将高校的思政教育与国际接轨,引入国际先进理念和经验,提高教育质量和创新;专业研究中心可以承担思政教育教材的编写和评估工作,确保思政教育材料具有科学性和针对性;专业研究中心可以研究和开发新的教育技术工具,提供教育研究项目的资金支持,鼓励教师参与研究和实践活动;专业研究中心可以为思政教育提供深度的学术支持和实践指导,推动思政教育理论的不断创新和发展。专业研究中心将成为思政教育领域的智库,为高校"大思政"育人体系的建设提供有力的学术支持和智力支持。同时,它们也将成为教师和学生的重要资源,为他们提供深入研究和实践思政教育的机会。通过创建专业化研究中心或机构,高校将在思政教育领域建立起更加专业和有影响力的教育生态系统,为思政教育的深化和不断创新提供强大支持,这将推进高校"大思政"育人体系的全面发展,提高教育质量和学生满意度,培养更多具有社会责任感和领导力的新一代公民,为国家和社会的进步贡献更多力量。

(三)专家化

高校构建"大思政"育人体系的关键之一是吸引和聘任专业思政教育专家,这可以通过招聘具有卓越教育背景和丰富实践经验的教育家,或者聘任校内的杰出教师担任专业思政教育的领导职务来实现。这些专家将担任关键角色,如思政教育部门的主任、课程设计师、教材编写者、研究领域专家等,他们的角色将对整个思政教育体系的成功构建发挥至关重要的作用。专业思政教育专家能够提供深度的教育领导,为高校的思政教育提供战略方向和专业指导,他们将在思政教育的课程设计和实施中发挥领导作用,确保思政教育的质量和深度。同时，他们也可以促进思政教育理论的不断发展和创新，确保教育体系与时俱进。专业思政教育专家还可以与其他学校和教育机构建立合作关系，分享最佳实践和教育资源。他们的经验和专业知识将有助于高校建立起更具影响力和竞争力的思政教育体系，吸引更多学生和教育从业者的关注和参与。通过聘任专业思政教育专家，高校将建立起一个强大的领导团队，使思政教育体系发展和壮大，这将有助于高校构建更加专业化、有影响力的"大思政"育人体系，为学生提供更高质量和更有深度的思政教育，培养更多有社会责任感和领导潜力的公民，推动高校思政教育事业向前迈进。

在构建高校"大思政"育人体系中，教师队伍的专家化发挥着推动思政教育发展的重要作用。专家化的教师队伍是指教师在某个学科领域具有深入的研究和专业知识，这些教师在自己的学科领域中有着卓越的学术成就和影响力，是该领域的权威人士，他们在学科研究和教学方面具有独到的见解和经验，能够为学生提供高水平的思政教育内容和教学指导。专家化的教师队伍能够为高校思政教育提供学术支撑，通过深入的学科研究，这些教师能够为高校的思政教育体系提供科学的理论指导和学术支持，他们能够引领和推动思政教育的理论研究和实践，促进思政教育与学科研究的融合，使思政教育更加深入、细致、全面。与此同时，专家化的教师队伍有助于提升思政教育的品质和水平。教师在学科研究中积累的专业知识和教学经验，能够为学生提供更加深入、系统的思政教育内容。这些教师不仅关注学科知识的传授，更重视学生的思辨能力、创新意识和批判思维的培养。他们能够将学科知识与学生实际需求相结合，激发学生的学习兴趣，提升思政教育的实效性和针对性。高校应该重视专家教师队伍的建设和培养。培养专家化的教师需要高校提供优质的学术环境和科研支持，鼓励教师参与学术交流和研究合作。高校可以设立学术交流平台，组织专家讲座和学术研讨会，鼓励教师参加国内外学术会议和合作项目，不断拓宽学术视野和提高影响力。专家化的教师队伍不仅为高校思政教育提供学术支撑，还能为社会提供智力支持。这些专家教师不仅在高校内担任教学和研究工作，还能在社会上扮演学术领袖和社会名流的角色。他们能够参与公共事务的讨论和决策，为社会发展和治理提供专业意见和建议，增强高校的社会影响力和服务能力。高校"大思政"育人体系的建设需要涵盖多个学科领域的内容，涉及政治学、历史学、伦理学、社会学等多个学科。专家化的教师队伍在各自学科的基础上，能够展现学科之间的交叉点与共通之处，从而促进学科融合，形成更加综合、全面的思政教育内容。并且高校"大思政"育人体系应当与国际接轨，引入国际先进的教育理念和教学方法，拥有专业知识和全球视野的专家化教师，能够结合国际教育潮流，开展跨国合作、交流与研究，促进国际化素质教育的发展，培养具有全球竞争力的人才。专家化的教师队伍在推动高校社会服务和产学研结合方面发挥积极作用。高校"大思政"育人体系不仅服务于学生教育，也应对社会和产业界作出贡献。拥有专业知识和研究成果的专家化教师，能够参与解决社会问题的研究与咨询，与企业合作开展实践项目，推动高校完善社会服务功能，促进产学研的深度融合。专家化的教师队伍有助于构建学习型高校。专家教师在专业知识和教学经验方面的持续学习与研究，能够影响和带动全校教师队伍的学习意识和学习动力。学习型高校将教师学习作为一种文化和常态，注重知识的交流与分享，不断激发教师的学习热情和创新精神，推动高校整体教育教学水平的不断提升。通过专家化的教师队伍，高校能够推动思政教育体系建设不断向前发展，促进教育教学质量的提升，同时也能为社会发展和治理提供智力支持。高校应该重视专家教师队伍的建设，鼓励教师参与学科研究和学术交流，为培养德智体美劳全面发展的社会主义建设者和接班人作出更大的贡献。

第七节　创新"大教学"：打破"孤岛效应"，构建课程思政的育人格局

打破"孤岛效应"是高校"大思政"育人体系中一项重要而具有挑战性的任务。高校应鼓励不同学科领域之间的交流与合作，打破学科之间的壁垒，通过组织跨学科的教学团队，将思政教育的要素融入各门学科课程中，使学生在学科学习中不仅获取知识，还能够理解其背后的社会和伦理意义，促进综合学科素养的提升。高校内不同院系之间也应该积极合作，共同推进"大思政"育人体系的构建。例如，人文学科、社会科学和自然科学等院系可以共同探讨全球性挑战和社会问题，促进思政教育与学科教学的交叉融合。此外，教育学院、哲学院等教育相关院系应该与其他学科紧密合作，共同培养具有全面素质和高度社会责任感的学生。高校之间也可以开展跨校合作，通过联合办学、共享教育资源等方式，实现思政教育的互补与提升，这种合作可以促进不同高校间的经验交流，借鉴优势互补，形成更为丰富多样的思政教育模式。在课堂教学中，教师可以采用更加创新的教学方法，例如案例教学、讨论式教学、角色扮演等，鼓励学生积极参与思政教育的学习过程。同时，利用现代科技手段，如在线学习平台和虚拟实验室，拓展思政教育的传递途径，使思政教育更加生动有趣，贴近学生生活和实际。高校应该鼓励学生参与社会实践和实习活动，将课堂所学与实际问题相结合。通过与社会互动，学生能够更好地理解学科知识的社会应用价值，培养批判性思维和解决问题的能力，这样的实践体验将有助于打破学科与社会之间的"孤岛效应"，促进学生思想觉悟的提升和社会责任感的加强。打破"孤岛效应"是高校"大思政"育人体系建设的必然要求，需要各方共同努力。高校应当积极构建多学科、跨院系、跨学校的合作机制，不断创新教学方法和实践形式，让思政教育贯穿于学生的整个学习过程，培养具有综合素养和社会责任感的新时代青年。高校可以鼓励开设跨学科项目和课程，将不同学科的教师组成

教学团队，共同设计和实施跨学科的课程。例如，可以开设以某一社会问题为主题的综合性课程，吸引来自不同学科领域的教师共同授课，让学生从多个学科角度深入了解和分析问题，并且高校可以建立资源共享平台，让不同学科的教师共享优秀的教学资源和案例。教师间的资源交流，可以促进学科教学内容与思政教育的有机结合，使教学更加立体化和综合化。高校可以建立学科交叉学习平台，为学生提供更多学科交叉学习的机会。通过参与不同学科的学习，学生能够增进对学科之间联系的认识，培养综合思考问题的能力，从而提升他们的综合素质和全球视野。然而，在打破"孤岛效应"过程中也面临一些挑战：（1）学科差异：不同学科的特点和教学目标不同，融合思政教育需要克服学科差异带来的困难。因此，我们需要在跨学科合作中注重平衡，确保思政教育与学科教学相互促进，而不是取代或忽视学科教学。（2）教师团队协作：跨学科教学要求教师团队之间密切合作，需要克服学科教师之间的交流壁垒和合作障碍，高校应鼓励教师参与跨学科项目和培训，逐渐提升团队合作能力和教学水平。（3）教学资源整合：打破"孤岛效应"需要整合高校内部的教学资源，确保思政教育与学科教学的无缝衔接。同时，高校还需要优化教学管理机制，支持教师创新教学方法，营造有利于跨学科融合的教育环境。综上所述，打破"孤岛效应"是高校"大思政"育人体系建设的重要一环。通过跨学科交流合作、资源共享和学科交叉学习等策略，高校能够促进思政教育与学科教学的有机结合，培养更加全面发展、富有社会责任感的优秀人才。同时，高校也需要面对学科差异、教师团队协作和教学资源整合等挑战，积极寻求解决之道，推动"大思政"育人体系的不断完善和创新。

课程思政是指将思政教育融入各门课程，不仅有专门的思政课，还在各门学科课程中融入思政元素，通过在各类学科的教学中引导学生思考社会问题、关注国家大计、增强爱国情怀，培养学生的创新精神和社会责任感。教师在课堂教学中应当寓思政于教学全过程，将思政教育融入每个环节，可以引导学生对学科知识进行深入探讨,发掘其中的社会和伦理价值,使学生在学科学习中形成正确的价值观和世界观。将思政教育融入课程,可以使学生在学科学习中增强综合素质。学生不仅在学科上有所专长,还具备较高的思辨能力、创新能力和实践能力。这样的综合素质培养有助于学生更好地适应社会发展的需要,成为具有全面素养的综合型人才。在跨学科课程中,教师可以引入现实生活中的案例,涉及政治、社会、经济等多个领域,让学生从多个角度思考问题,提升思辨和分析能力。通过案例教学,学生能够更深刻地理解课程内容与现实生活的关联,形成批判性思维,增强社会责任感。构建课程思政的育人格局可以拓展学生的国际视野。通过学习多领域知识,了解国际事务和国际发展趋势,学生可以更好地适应全球化时代的需求,成为具有国际竞争力的人才。在跨学科的课程中,学生面临的问题通常较为复杂多样,需要运用跨学科的知识和方法进行解决。这样的学习环境可以培养学生的问题解决能力和创新思维,使他们在面对复杂问题时能够灵活应对、寻求有效解决方案。构建课程思政的育人格局也有助于推动学科交叉融合。学科交叉融合是当今高等教育的发展趋势,有利于培养跨学科的综合型人才。通过在课程中引入思政元素,促进学科教学与思想政治教育的交叉融合,推动高校教育朝着更加综合和全面的方向发展。构建课程思政的育人格局需要将思政教育融入学生的实践活动中,教师可以组织学生参与社区服务、志愿活动、调研考察等,让他们亲身感受社会问题,培养关心国家大计的意识,加深对国家发展和社会变革的认识。构建课程思政的育人格局可以使学生在学科学习中认识到学科知识与社会现实之间的联系,进而培养学生的社会责任感。学生不仅要追求个人学业成绩,还要关注社会问题,为社会发展贡献力量,成为具有社会担当的公民。高校可以邀请不同学科的教师联合授课,共同讲解特定主题。例如,历史学家与政治学家可以共同授课讲述历史与政治的关系,经济学家与社会学家可以合作讲授经济发展与社会变革的互动,这样的授课模式可以丰富学生的知识层次,拓展他们的思维。同时,高校可以邀请行业专业人士和知名学者开设专题讲座,让学生接触最新的学科发展和社会动态。并且建立导师制度,由一位导师指导一组或者多位学生进行科研或社会实践项目,促进学科教育与思政教育的深度融合,高校可以加强导师制度的建设,为学生提供更加个性化的指导和支持。导师可以帮助学生规划学业和职业发展,引导学生参与学术研究和社会实践,指导学生解决学习和生活中的问题。通过导师的指导,学生能够更好地认识自己、认清未来发展方向,增强对自己学业和未来的自信。按照现有条件,高校还应该不断优化教学资源,设计综合性课程和专业课程之间的衔接与贯通。教学资源的整合不仅包括学科教师的合作,还包括教材、教辅资料等方面的整合,确保课程思政在教学中得到全面落实。构建课程思政的育人格局要注重学生主体地位,尊重他们的学习兴趣和需求,鼓励学生在课程中发挥主动性,可以开设选修课程,让学生根据个人兴趣选择相关课程,培养他们的学科交叉能力。通过构建课程思政的育人格局,打破传统学科与思政教育之间的隔阂,实现学科教育与思想政治教育的有机融合,学生在学科学习中不仅掌握专业知识,还能够形成正确的价值观和养成社会责任感,成为具有全面素质和担当民族复兴大任的新时代青年。

强化教师的思政教育能力与学生主体地位可以使高校"大思政"育人体系得以更加有效地推进。教师不仅要有扎实的学科知识,还要具备较高的思想政治理论水平,以及与学科教学相结合的教育理念和教学策略。高校可以加强思政教育教材与课程建设,推动教师积极参与教材编写与课程设计工作,确保教材内容科学全面,课程设置合理丰富,以更好地引导学生树立正确的世界观、人生观、价值观,并且积极推动高校教师参加思政实践活动。教师参与社会实践和研究活动,不仅有助于增强他们的实践经验,还能够让他们更深入地了解社会问题和国家大计。教师通过亲身参与,将社会实践和研究成果融入课程教学中,丰富思政教育内容,使其更贴近学生的实际需求。高校应该倡导学生主体地位,鼓励学生参与学校管理和决策过程,学生作为"大思政"育人体系中的重要主体,他们的意见和建议应得到充分尊重和重视,学生参与决策不仅有助于增强他们的民主意识和社会责任感,还能够推动学校教育体系的改进和完善。高校可以建立学生自治组织,为学生提供自主参与学校管理和事务的平台。学生自治组织可以组织各类社会实践活动、学术交流等,培养学生的组织能力和领导能力,提升他们的社会责任感和团队合作意识。近年来,学生的心理问题日益突出,应该受到更大的关注。高校应该为学生建立心理辅导制度,为学生提供心理、学业和生涯方面的指导和支持。高校可以建立师生互动平台,为教师与学生之间的交流提供便利,这个平台可以包括在线讨论区、网上问答平台、学生意见反馈系统等,通过这样的平台,教师可以及时了解学生的学习和思想情况,给予及时的指导和帮助,同时也可以倾听学生的意见和建议,改进教学和育人工作。学生心理辅导旨在关心学生全面发展,倾听学生心声,帮助他们解决问题,促进学生的健康成长和成才。

　　高校应该树立一批师德榜样,这些教师在教学、科研和社会服务方面表现突出,以其高尚师德和卓越业绩影响着学生和其他教师,他们可以作为学校师德建设的标杆,为其他教师提供榜样和借鉴。学校可以通过评选和宣传,将这些师德榜样的事迹广泛传播,激发全校教师的师德向上向善之心。可以组织开展师德教育与培训,使教师全面了解教师职业道德规范和职业道德操守,增强师德意识,培训内容可以涵盖教师职业道德原则、教师职业操守、学术规范等方面,帮助教师在教学和工作中做到崇尚科学、严谨求实,引导学生树立正确的学术道德和人生观。高校应建立科学完善的教师评价体系,将师德表现作为评价教师绩效的重要依据。教师的师德表现、教学效果和学科研究成果等应该在教师评价中综合考量,这样的评价机制能够激励教师努力提高师德水平,同时也可以推动高校"大思政"育人体系的全面推进。建立教师专业发展体系,提供丰富多样的教师培训和发展机会。教师可以通过参加学术交流、研讨会、教学研究等活动,不断提升学科知识和教学水平。同时，高校还应该鼓励教师积极参与思政教育研究，加强思政教育理论和实践的深入探索，以更好地将思政教育融入学科教学中。建立健全教师职业发展通道，为教师提供晋升和成长的机会，设置不同级别的教师职称，鼓励教师参与高水平的科研项目和教改项目，推动教师在学科领域取得重要成果，从而获得职业晋升和荣誉，这样的职业发展通道能够激励教师不断进取，提高综合能力，推动教师队伍的专业化和专家化建设。与此同时，高校可以设立教学与思政教育奖项，表彰在教学和思政教育方面取得显著成绩的教师，奖项可以包括优秀教学奖、优秀思政教育奖等，鼓励教师在教学与思政教育方面不断创新，提高教学质量和效果。这样的奖项制度有助于营造关注教学与思政教育的良好氛围，增强教师参与思政教育的积极性。另外，高校可以将教师的思政教育表现与教师评价和绩效挂钩，这样的做法使教师对思政教育更加重视，将思政教育融入日常教学和工作中，通过与绩效挂钩，教师将更加积极地参与思政教育活动，提高思政教育的实效性和影响力。高校教师应该走出校园，参观学习其他国内外高校的"大思政"育人体系建设经验。通过交流与培训，教师可以拓宽视野，了解其他高校在思政教育方面的先进做法，借鉴和吸收有益经验，提高自身的综合能力和教育教学水平。通过以上措施，高校可以不断激励教师参与"大思政"育人体系的建设，不断提升教师的师德水平和综合能力，不断加强教师师德建设和综合能力提升，形成一支具有高尚师德、卓越教学水平和丰富学科知识的教师队伍，这样的教师队伍将为高校"大思政"育人体系的构建提供坚实支撑。通过教师与学生之间的良好互动与合作，推动思政教育深入课堂、深入校园，培养更多具有远大理想、社会责任和国际视野的优秀青年，为国家和社会的繁荣进步贡献力量。

第五章　高校"大思政"育人体系的实践路径

　　高校"大思政"育人体系的实践需要多方面、多角度、多体系的协同。高校要加强党对高校思想政治工作的领导，确保党的路线方针政策贯彻到思想教育工作中。同时，建立党委统一领导、各部门协同联动的工作机制，形成高校思想政治工作的整体合力，确保思政教育工作在各个环节有效落实，加强育人各岗位的组织保障，提供充足的资源支持，使育人工作得到充分发展。其次，高校需要着重搭建平台，包括健全完善高校网络思政媒体平台等，为"大思政"育人体系的构建与实践提供多样化的宣传与教育途径，构建思想政治工作研究、咨询、交流服务平台，促进学术研究与经验分享，建设思想政治工作队伍研修工作平台和大学生社会实践基地平台，为教师和学生提供成长与实践的机会。通过完善选、培、管制度，确保思政教师队伍的素质和能力得到提升；加强师风师德建设，培养优秀思政教师的道德修养和职业操守；建立健全激励、考核和评价机制，激发思政教师的积极性和创造性。高校还需要完善思想政治工作监督的责任体系、运行体系和评价体系，确保思政工作能够得到有效监督和评估。这将推动高校思想政治工作不断优化和提高。通过引导家庭形成符合我国意识形态的价值取向，发挥家庭对学生思想教育的积极作用，同时，整合社会多方资源，构建育人大环境，让学生在全社会的共同呵护下成长。综合来看,高校大思政育人体系的实践路径围绕深化改革、完善育人机制、搭建平台、建强队伍、强化监督和整合资源六个方面展开,旨在构建全方位、多层次的思想教育体系,助力培养德智体美劳全面发展的社会主义建设者和接班人。

第一节 深化改革:健全完善领导体制和工作机制

深化改革是构建高校"大思政"育人体系的关键路径之一,而健全完善领导体制和工作机制则是深化改革的核心,在这一路径中,高校需要着力优化领导体制,以确保思政教育在高校的战略地位和重要性得到充分体现。高校可以引入专门的思政教育领导岗位,如思政教育校长助理,这些领导者应当具备深厚的思政教育理论知识和实践经验,能够制订并实施战略性的发展计划,推动高校思政教育体系的建设,他们不仅要在管理层面负责,还应该充当思政教育的倡导者和实践者,积极参与教育活动,与师生保持密切互动,确保思政教育深度融入高校日常生活。领导者应该倡导并践行核心价值观,成为全校师生的榜样。他们的言行举止、决策和领导风格都应体现社会主义核心价值观的内涵,引导高校师生积极参与社会主义核心价值观的传承和实践。领导者的示范作用对于构建"大思政"育人体系至关重要,因为他们的行为将深刻影响整个高校社群的价值观念。最重要的是,领导者应该积极倾听教师和学生的声音,建立起开放、包容的决策机制。他们应该鼓励教师提出创新思政教育方法的建议,支持学生参与社会实践和志愿活动,以及参与核心价值观教育的设计和实施。通过与教师和学生的互动,领导者可以更好地了解基层需求和挑战,及时调整政策和工作机制,确保思政教育的质量和效果。深化改革,健全完善领导体制和工作机制,是高校构建"大思政"育人体系不可或缺的一环,领导者的积极参与、示范作用和决策智慧将直接影响思政教育的成功与否，通过这一路径，高校能够更好地支持和推动思政教育的深化和发展。

高校应积极创新思政教育的工作机制，以适应快速变化的社会和教育环境，可以建立跨学科的思政教育委员会，由不同学科领域的专家和教师组成，负责制定和调整思政课程内容，这种委员会将有助于确保思政教育与多学科知识的融合，帮助学生更好地理解和应用核心价值观。高校可以设立专门的思政教育研究中心，致力于思政教育的理论研究和实践创新，这个研究中心可以开展教育实验、调查研究，推动思政教育的最佳实践，为教师提供研究支持和资源，促进思政教育理论的不断创新和实践的改进。此外，还可以建立全面的师生互动机制，鼓励教师与学生之间的深入沟通和互动。教师应该定期与学生讨论核心价值观、社会问题和伦理议题，引导他们进行思考和讨论。这种互动机制有助于思政教育的实际落地，帮助学生将抽象的价值观念与实际生活相结合。高校还可以建立定期评估和反馈机制，对思政教育的质量和效果进行评估，评估内容包括学生的反馈意见、教师的自我评估、课程评估等。通过不断收集和分析反馈信息，高校可以及时调整思政教育的内容和方法，确保其符合学生的需求和社会的发展趋势。工作机制的创新将有助于高校更好地适应思政教育的多样性和复杂性，跨学科的委员会、研究中心和师生互动机制将提供深度的教育支持和交流平台，有助于教师与学生共同探讨重要的社会议题，评估和反馈机制将确保思政教育的质量和效果，帮助高校持续改进教育方法和内容。通过创新工作机制，高校将建立一个更加灵活和高效的思政教育体系，能够更好地满足学生的需求和社会的发展要求，这将有助于高校培养更多有社会责任感和领导力的新一代公民，为国家和社会的进步贡献更多力量，这一实践路径将为高校"大思政"育人体系的构建提供坚实基础，促使思政教育事业不断向前迈进。

为了确保思政教育的高质量和广泛覆盖，高校应该加大对思政教育的资源投入，这包括财政支持、教材编写、教师培训、研究项目等各个方面。高校应该增加思政教育的财政预算，确保足够的经费用于教育资源的购置和更新，以及教育设施的改善。与此同时，鼓励和支持教师参与思政教育研究项目，提供研究基金和资源，以促进思政教育理论的不断深化和实践的改进，还可以投资于开发高质量的思政教材和教育技术，以满足不同学生群体的需求。资金投入的增加将有助于提高思政教育的质量和深度，提高思政教育的影响力，这也将帮助高校更好地培养有社会责任感和领导力的新一代公民，为国家和社会的进步作出更大的贡献。资源投入的增加将为高校思政教育提供坚实的物质基础，确保教育活动能够顺利进行并不断创新。同时，这也将鼓励教师积极参与思政教育的发展，提高他们的专业素养和领导力。投资于高质量的教材和教育技术将丰富思政教育的资源库，提供多样性的学习材料和方法，有助于满足不同学生的学习需求。通过增加资源投入，高校将能够更好地满足思政教育的需求，这一实践路径将为高校"大思政"育人体系的构建提供重要支持，推动思政教育事业不断向前发展。

构建高校"大思政"育人体系的过程中，建立健全的责任体系是不可或缺的一环，这意味着高校需要明确各级领导、教师和学生在思政教育中的职责和义务，以确保思政教育的有序推进和有效管理。高校领导层应明确思政教育在高校发展战略中的地位和重要性，并将其纳入年度工作计划中，领导者需要制定明确的思政教育目标和任务，确保资源的分配和投入，同时，他们还应定期召开思政教育工作会议，对工作进展进行监督和指导。教师在思政教育中扮演着关键角色，他们需要积极参与教育活动，确保思政教育贯穿于课堂教学和日常管理之中。教师应倡导社会主义核心价值观，通过个人言传身教影响学生的价值观念，引导他们积极参与社会实践和公益活动。教师还应不断提高自身的思政教育水平，参与培训和研讨，更新教材和教学方法，以适应不断变化的社会需求。重要的是，学生作为思政教育的受益者，也有相应的责任和义务，他们需要积极参与思政教育活动，理解并积极践行社会主义核心价值观，学生可以通过参加社会实践、志愿活动和学生组织等途径，积累社会经验，锤炼领导力，培养社会责任感。责任体系的建设将确保思政教育的有序推进和有效管理，领导者的明确职责和工作计划将提高工作效率和质量，教师的积极参与将为思政教育注入活力和创新，学生的主动参与将提升教育的深度和广度。通过建立健全的责任体系，高校将为思政教育提供有力保障，确保其质量和效果，责任的明确将使工作更加有序和高效，有助于思政教育的全面发展。这一实践路径将为高校"大思政"育人体系的构建提供坚实基础，推动思政教育事业不断向前迈进，培养更多有社会责任感和领导力的新一代公民，为国家和社会的进步贡献更多力量。

一、加强和改善党对高校思想政治工作的领导

在高校"大思政"育人体系的实践中，加强和改善党对高校思想政治工作的领导，确保思想政治教育的正确导向是十分重要的。首先，党对高校思想政治工作的领导意味着将马克思主义、中国特色社会主义和习近平新时代中国特色社会主义思想等重要指导思想贯彻到思想政治教育全过程中。这使得高校的思政教育不仅立足于传统的马克思主义理论，还紧密结合当前社会发展和学生的现实需求，具有鲜明的时代特色。其次，党的领导推动高校思想政治教育与党和国家的方针政策保持高度一致。在全面建设社会主义现代化国家的战略要求下，高校要贯彻落实党的教育方针，培养德智体美劳全面发展的社会主义建设者和接班人。党对高校思想政治工作的领导，确保了教育目标的明确和正确的道路选择，使学校教育与社会主义建设密切相连。再者，党的领导有助于高校思政工作全面深化。通过加强与时俱进的改革措施，高校能够不断优化育人体系，完善教育内容和形式，切实提高思政工作的实效性和针对性。党的领导促进了高校思政工作的创新和改进，引导学生形成正确的世界观、人生观和价值观。综上所述，加强和改善党对高校思想政治工作的领导，不仅确保了思想政治教育正确导向，还推进了思政工作全面深

化，有力地促进了高校"大思政"育人体系的实践和发展。

　　高校思想政治工作的实践中，推进思想政治工作全面深化体现在多个方面。首先，党的领导促使高校思想政治教育紧跟时代发展和学生需求的变化。随着社会的快速发展和信息技术的不断创新，学生接触到更加多样化和复杂的信息。党的领导要求高校在思政教育中充分关注学生的实际需求和兴趣爱好，积极运用新媒体、互联网等现代教育技术，开展线上线下相结合的多样化教育活动，使思政教育更加生动有趣、形式多样。党对高校思想政治工作的领导推动了思政工作与其他学科和教育环节的深度融合，思政工作不再是一个孤立的教育环节，而是贯穿于学校教育全过程中。党的领导要求高校将思政教育与专业教育相结合，将德育与智育、体育、美育相统一，促进学生全面素质的提高。这种全面融合的教育模式，使学生在学习专业知识的同时，不断增强爱国主义情怀、社会责任感和创新精神。与此同时，党的领导促使高校思想政治教育更加注重个性化、差异化的育人模式。每个学生都有自己的成长轨迹和个性特点，党的领导要求高校根据学生的差异化需求，制订个性化的思政教育计划和方案，给予学生更多的自主选择权和发展空间。党的领导推动高校在思政工作中加强个性化辅导，鼓励学生积极参与社会实践、志愿服务等活动，培养学生独立思考、自主创新的能力，逐步成长为具有社会责任感和创造力的优秀人才。加强和改善党对高校思想政治工作的领导，在高校"大思政"育人体系的实践中，在推进思想政治工作全面深化的过程中，注重紧跟时代发展和学生需求的变化，促进思政工作与其他学科和教育环节的深度融合，强调个性化、差异化的育人模式，使得思政教育更具活力和针对性，为培养德智体美劳全面发展的社会主义建设者和接班人提供更加全面和有效的教育保障。

　　首先，党的领导要求高校在思想政治教育中不仅关注学生的思想政治教育，更要关注学生的身心健康和全面成长，在面对繁重的学业压力和社会竞争的同时，高校要关心学生的心理健康，引导学生树立正确的学习和生活态度，培养学生的逆境应对能力和心理韧性。同时，高校还应加强体育、艺术、社团等方面的教育，为学生提供广泛的发展平台，让每个学生都能发挥自己的特长，实现个性化的成长和发展。其次，党的领导促使高校思想政治教育更加注重学生的实践能力培养，思想政治教育不能仅停留在理论知识和口头宣传上，更要通过实践教育来加深学生对思想政治教育的理解和体会。高校可以积极组织学生参与社会实践、志愿服务、实习实训等活动，让学生走出课堂，走进社会，亲身感受社会的现实和需要，锻炼解决实际问题的能力，培养学生的实践创新精神和责任担当意识。最后，党的领导促进高校思想政治教育更加注重学生的国际视野拓展。在全球化的背景下，高校思想政治教育不应该局限于国内层面，还要引导学生关注国际形势，了解世界动态，培养国际交流与合作的意识。高校应加强党的领导和组织动员，通过党委、团委等组织引导学生关注国际形势。组织开展国际形势宣讲活动、主题班会、座谈会等，及时向学生传达国际重大事件和重要政策，引导他们树立正确的国际观念和国际责任感。在高校"大思政"育人体系的实践和推进思想政治工作全面深化的过程中，加强和改善党对高校思想政治工作的领导，注重学生的全面发展，强调实践能力培养和国际视野拓展，使得思政教育更加立体化和综合性，能为培养德智体美劳全面发展的社会主义建设者和接班人提供更加丰富多彩的教育内容和发展平台。党的领导要求高校明确思想政治工作的领导责任，明确相关职能部门的职责，形成上下贯通、层层负责的工作责任链条，高校党委作为主要责任主体，要加强对思政工作的统筹领导和整体谋划，将思政工作纳入学校重要议事日程，确保工作的高效运行。党的领导要求高校建立健全思政工作的监督机制，加强对思政工作进程的监控和评估，定期组织对思政工作开展情况进行督查，及时发现问题和不足，及时采取措施加以改进。同时，高校还可以建立学生、教师和社会的监督渠道，增强监督的广泛性和全面性。高校建立科学、客观、全面的思政工作评价指标体系，从多个维度对思政工作进行评估，除了关注学生的思想政治表现，还要关注思政工作对学生全面发展的贡献，以及对学校育人目标的实现情况。评价结果可作为进一步改进和完善工作的重要参考。加强和改善党对高校思想政治工作的领导，有助于强化对高校思政工作的监督，压实工作责任。通过完善责任体系、建立监督运行体系和评价体系，高校能够更好地发现问题、解决问题，确保思政工作在正确的轨道上稳步推进，党的领导为高校"大思政"育人体系的实践提供了坚实的管理保障，使得思政教育工作更具有针对性、有效性和可持续性。

二、建立党委统一领导，各部门协同联动的工作机制

建立党委统一领导，确保思想政治工作正确导向和整体规划，在高校大思政育人体系的实践中具有深远意义。党委统一领导能够确保思想政治教育紧密贴合党和国家的教育方针政策。作为中国特色社会主义事业的领导核心，党对高校思想政治工作的领导具有重要的指导性作用，建立党委统一领导的工作机制，有助于将党的思想政治路线和教育方针贯彻到高校的思想政治教育中，确保思政教育与党的教育理念相一致，坚持正确的政治方向，培养德智体美劳全面发展的社会主义建设者和接班人。党委统一领导有助于形成统一的思想政治工作指导思想和整体规划。高校作为培养社会主义建设者和接班人的重要阵地，其思想政治工作必须紧密结合学校整体发展规划，建立党委统一领导的工作机制，可以促进思想政治工作与高校整体发展战略相协调，确保思政教育与学校的各项教育任务相衔接，形成全面育人的格局，使学生在全面发展的过程中增强爱国主义情怀、社会责任感和创新精神。统一领导能够加强对思想政治工作的有效监督和督促。党委担负着全面领导高校工作的职责。建立党委统一领导的工作机制，有利于加强对思政工作进程的监督，及时发现工作中的问题和不足，并采取有效措施加以改进。同时，通过党委的督促，推动各部门切实履行职责，加强合作与协调，确保思想政治工作有

序推进。建立党委统一领导、各部门协同联动的工作机制在高校"大思政"育人体系的实践中，具有深远的推进思想政治工作全面深化的重要意义，这种机制的建立能够促进高校思想政治工作的全面发展和高效实施，提高思想政治教育的质量和水平。建立各部门协同联动的工作机制有助于促进资源共享和优化配置，高校内部各部门涉及思想政治工作的范畴广泛，包括教学、学生工作、宣传、组织等多个领域，通过建立协同联动的机制，可以打破各部门之间的信息壁垒，加强信息共享和资源整合，各部门可以根据学校的思想政治教育总体规划，协同合作，共同推动思想政治工作的全面发展。其次，各部门协同联动的工作机制有助于实现多元化育人目标的协调推进。在高校"大思政"育人体系中，学生的全面发展是核心目标，不同部门在思想政治教育中有着各自的特长和优势，如教务处负责教学管理，学工部负责学生思想引导，宣传部负责校园文化建设等。建立协同联动的工作机制，可以将各部门的工作有机衔接，相互协调，确保思想政治教育从多个维度和层面全面覆盖，实现全面育人目标的有机统一。各部门协同联动的工作机制有助于推动创新思政教育手段和方法，在高校"大思政"育人体系的实践中，思想政治工作需要不断创新，以适应时代发展和学生需求的变化，不同部门的联动合作可以促进交流和碰撞，激发创新思维，推动思政教育手段和方法的不断改进和拓展。例如，学生工作部门可以利用学生活动和社团组织开展多样化的思政教育活动，教学部门可以在课程设置中融入思想政治教育元素，宣传部门可以借助多种媒体传播思政教育内容等。

建立党委统一领导、各部门协同联动的工作机制在高校"大思政"育人体系的实践中，还有助于加强高校与社会之间的互动与合作，形成开放育人格局。各部门协同联动的工作机制有利于高校与社会多方资源的整合。高校作为社会主义教育事业的重要组成部分，其思想政治工作需要借助社会各界的支持与参与，建立联动机制，高校可以更加主动地吸纳社会资源，各部门可以积极与社会建立合作伙伴关系，共同为学生提供丰富的思想政治教育内容和平台。社会实践基地、企业合作项目、志愿服务活动等都可以成为思政育人的重要途径，丰富学生的社会实践经验。其次，各部门协同联动的工作机制有助于搭建高校与社会交流与合作的平台，高校"大思政"育人体系的建设需要与社会形成良好的互动与互助关系。通过建立健全思政工作研究、咨询、交流服务平台，高校可以与社会专家学者、行业领军人物等开展深入交流，获取前沿思想与科技成果，不断丰富和完善思想政治教育内容。同时，高校可以积极开展学生社会实践活动，让学生走出校园，深入社会，增长见识，拓宽视野，更好地融入社会。各部门协同联动的工作机制有助于加强高校与家庭的联系与互动，家庭是学生成长的重要基石，而高校思想政治工作也应与家庭教育相协同，形成家校合力。通过引导家庭形成符合我国意识形态的价值取向，高校可以与家庭建立紧密联系，共同关注学生的思想教育问题，形成家校共育、齐抓共管的良好局面。高校可以开展家长学校、家庭教育讲座等活动，提供家庭教育的指导与支持，使学生在家庭和学校双重育人的环境中更好地成长。建立党委统一领导在高校"大思政"育人体系的实践中具有重要作用，党委统一领导能够确保思想政治教育紧密贴合党和国家的教育方针政策，形成统一的思想政治工作指导思想和整体规划，加强对思想政治工作的有效监督和督促，为高校思想政治教育的质量和效果提供坚实保障。建立党委统一领导、各部门协同联动的工作机制在高校"大思政"育人体系的实践中对加强高校与社会之间的互动与合作，形成开放育人格局具有重要意义，通过与社会多方资源的整合、搭建高校与社会交流与合作的平台，加强高校与家庭的联系与互动，高校思想政治教育工作将在更广泛的范围内得到推进和深化，为培养德智体美劳全面发展的社会主义建设者和接班人提供更全面的支持。

第二节　完善育人机制：构建"三全"一体化育人体系

完善育人机制，构建"三全"一体化育人体系在高校"大思政"育人体系的实践中具有重要的作用。这两点主要包括：完善育人各岗位的具体实施制度和加强育人各岗位的组织保障。首先，完善育人各岗位的具体实施制度。高校大思政育人体系的实践要求确保思想政治工作全方位、全过程、全覆盖，而这需要各个育人岗位在实际工作中有明确的职责和具体的实施制度。例如，在教学岗位上，可以将思政教育融入各门课程中，强调学科知识与思想政治教育相结合；在学生工作岗位上，可以建立健全学生思想引导机制，开展多样化的社团活动和社会实践，培养学生的社会责任感和团队合作精神；在宣传岗位上，可以通过丰富多样的校园文化活动和媒体宣传，引导学生树立正确的价值观和社会观。其次，加强育人各岗位的组织保障。构建"三全"一体化育人体系需要各个育人岗位之间的紧密合作与协调。高校可以建立多级多层次的协调机制，形成各部门间的密切配合和信息共享。例如，可以建立育人工作领导小组或者委员会，由相关职能部门领导组成，负责统筹协调育人工作；可以建立定期例会制度，加强部门间的沟通和交流；还可以建立专门的信息平台，方便各部门共享学生信息和工作进展，实现全员参与、协同推进的目标。综合论述起来，完善育人机制，构建"三全"一体化育人体系在高校"大思政"育人体系的实践中是非常关键的。通过制定具体实施制度，明确各岗位的职责，将思想政治教育渗透到各个方面，确保思想政治工作全方位开展；同时，加强各岗位之间的组织保障，形成协同合作的局面，确保各个部门紧密配合，共同推动思想政治教育的实施。这样的做法将为学生全面成长提供更加全面、多样、持续的支持和保障。同时，它也有助于构建更加健全完善的"大思政"育人体系，提升高校思想政治工作的质量和效果，为培养德智体美劳全面发展的社会主义建设者和接班人作出积极贡献。

一、完善育人各岗位的具体实施制度

完善育人各岗位的具体实施制度在高校"大思政"育人体系的实践中具有多重重要作用。首先，它能够确保思想政治工作全面覆盖，从而构建全方位的育人体系，高校"大思政"育人体系旨在培养德智体美劳全面发展的社会主义建设者和接班人，因此，思想政治教育不能仅仅局限在某个特定领域或岗位，而是应该贯穿于学校的方方面面。通过在教学、学生工作、宣传、组织等各个领域制定具体实施制度，能够将思想政治教育融入学生的学习、生活和社交过程中，形成全面、连续、渗透的教育格局，确保学生在不同方面都能受到思想政治教育的引导和熏陶。其次，完善育人各岗位的具体实施制度有助于加强教育教学与育人工作的衔接与对接，高校"大思政"育人体系强调教育教学与育人工作的有机统一，将教学过程与育人目标紧密结合。通过在各个教学和管理岗位上制定相应的实施制度，教师们能够更好地将思想政治教育融入教学内容和教学方法中，使学生在知识学习的同时，也能接受良好的思想引导。同时，学生工作部门在制定实施制度时，也要充分考虑学生的学习和生活需求，确保学生在校园中得到全方位、周到的关怀和教育，促进学生成长成才。

完善育人各岗位的具体实施制度在高校"大思政"育人体系的实践中，进一步加强了教育教学与育人工作的衔接与对接，形成了教育教学与育人工作的有机融合。通过完善实施制度，教育教学与育人工作在高校中能够形成一种良性互动。教育教学是学生学习知识、培养能力的重要环节，而育人工作则更加关注学生的思想品德和综合素质的培养。通过制定具体的教学计划和教学目标，教师们可以将思想政治教育融入各门课程中，将社会主义核心价值观融入教材中，引导学生树立正确的价值观和世界观。同时，学生工作部门也可以根据教学进度和学生学习情况，制订相应的育人计划，紧密结合教学内容，针对学生的特点和需求，开展丰富多样的思想政治教育活动，使思想政治教育与学业教育相辅相成，共同促进学生全面发展。完善育人各岗位的具体实施制度能够实现教学与育人工作的无缝衔接，教育教学是学生在校园内接受教育的主要途径，而学生工作部门则负责学生的日常管理和教育引导。通过制定相应的规章制度和工作方案，学生工作部门能够及时了解学生在学习和生活中遇到的问题和困惑，通过与教学部门的沟通合作，及时采取相应的措施，帮助学生解决问题，提高学生的学习积极性和学业成绩，为学生全面成长提供有力支持。通过教学计划与育人计划的有序衔接，教育教学与思想政治教育相辅相成，使学生在接受知识的同时也受到思想政治的熏陶；通过学生工作部门与教学部门的密切合作，实现学生在学习和生活中的全方位关怀和引导，这样的融合机制有助于高校思想政治教育工作更加有力地推进，为学生提供更加全面、个性化的成长环境和发展路径。

完善育人各岗位的具体实施制度在高校"大思政"育人体系的实践中，对搭建平台强化高校思想政治工作的支撑具有重要意义，这些平台包括高校网络思政媒体平台，思想政治工作研究、咨询、交流服务平台，思想政治工作队伍研修工作平台以及大学生社会实践基地平台。首先，高校网络思政媒体平台是加强高校思想政治教育的重要途径之一，通过建设和完善网络思政媒体平台，高校可以向广大师生传播先进的思想理论，宣传社会主义核心价值观和中国特色社会主义道路，引导师生树立正确的价值观和世界观。这些平台还可以提供交流互动的机会，使师生之间能够开展深入的思想交流和讨论，增进彼此的认识和理解。其次，思想政治工作研究、咨询、交流服务平台是推动高校思想政治工作不断创新和进步的重要支撑。通过建立这样的平台，高校可以开展专题研究和调研，了解师生的实际需求和问题所在，有针对性地制定相关政策和措施。同时，这些平台还可以为高校思想政治工作提供专业的咨询服务，借鉴其他高校和国内外先进经验，促进高校之间的交流合作，共同探索适合自身发展的思想政治教育模式。再次，思想政治工作队伍研修工作平台是加强教师队伍建设的重要途径。高校思想政治教育工作需要有一支专业化、高素质的师资队伍,通过建立研修工作平台,高校可以为思想政治工作人员提供专业的培训和学习机会,不断提升他们的业务水平和综合素质。这样的平台还可以促进思想政治工作人员之间的交流与合作,形成集体智慧,共同推动高校思想政治工作的开展。最后,大学生社会实践基地平台是培养学生社会责任感和实践能力的重要途径。高校"大思政"育人体系强调学生全面成长,社会实践是其中重要的一环。通过建立大学生社会实践基地平台,高校可以为学生提供丰富多样的实践机会,使他们深入社会、了解社会,增强社会责任感和公民意识。这样的平台还可以与社会各界建立更紧密的联系,整合社会资源,共同参与大学生的育人工作,形成家庭、学校、社会共同参与的"三全育人"共同体。

完善育人各岗位的具体实施制度在高校"大思政"育人体系的实践中,对加强教师队伍和专门力量建设具有重要意义,这些方面的拓展包括完善选、培、管制度,加强师风师德建设,以及完善激励、考核和评价机制。完善选、培、管制度是加强教师队伍建设的关键,高校教师是思想政治教育的主要承担者,他们的水平和素质直接关系到思想政治教育工作的质量和效果。因此,高校应该建立科学合理的选聘制度,注重选拔具有较高思想政治素养和教育教学能力的优秀教师,以确保思想政治教育具有师资储备。高校还应该加强教师培训和研修,定期开展专业化培训,提升教师的思想政治教育水平和教学技能。加强师风师德建设是促进教师专业成长和育人工作有效开展的重要保障,教师是学生的楷模和榜样,他们的师风师德直接影响学生的品德和行为。高校应该加强对教师的道德教育,引导他们始终保持高尚的师德品质和良好的职业道德,以身作则,言传身教,正向影响学生树立正确的人生观和价值观。同时,高校也应该加强对教师的关爱和支持,提高他们的职业满意度和幸福感,增强教师对育人事业的责任感和使命感。完善激励、考核和评价机制是提高教师队伍素质和教育教学水平的有效手段。高校应该建立科学合理的激励措施,鼓励优秀教师积极参与思想政治教育工作,充分发挥他们的才能和作用。同时，高校还应该建立科学的考核和评价机制，对教师的思想政治教育成效、教学质量和师德表现进行全面评估，为教师提供发展的方向和动力，推动教师队伍的不断优化和提升。

二、加强育人各岗位的组织保障

加强育人各岗位的组织保障在高校"大思政"育人体系的实践中，体现着高校领导层对思想政治工作的高度重视和承诺。首先，高校领导应该充分认识到思想政治工作的重要性和紧迫性，将其作为学校工作的重要组成部分，纳入学校发展战略和发展规划中，通过成立专门的思想政治工作领导小组或委员会，由学校主要领导担任组长，负责统筹思想政治工作，制定相关政策和措施，推动工作的深入开展。高校应建立健全育人工作组织体系，明确各岗位的职责和任务，设立教务处、学工处、团委等部门，配备专业的育人工作人员，形成育人工作的科学合理的组织架构。其次，加强育人各岗位的组织保障需要建立健全相应的管理机制，高校应该制定具体的工作规范和制度，明确每个岗位的职责和权责边界，形成科学合理的工作分工和协作模式。同时，加强岗位人员的培训和学习，提高他们的思想政治教育水平和综合素质，增强他们推进思想政治工作的能力。再次，为加强组织保障，高校还应该注重激励机制的建设，思想政治工作是一项重要的社会公益事业，需要岗位人员投入大量的心血和精力，因此，高校应该采取积极的激励措施，如设立思政工作先进个人奖励，表彰在思想政治工作中取得显著成绩的个人和团队，激发他们的积极性和创造性，形成积极向上的工作氛围。最后，组织保障也需要充分利用信息化手段。高校可以借助现代化的信息技术，建立高效便捷的信息共享平台，实现思想政治工作信息的及时传递和沟通交流，促进不同部门之间的协同配合。同时，通过大数据分析等手段，可以更好地了解师生的需求和心声，更有针对性地开展相关工作，提升工作效率和质量。

与此同时，我们需要建立灵活高效的工作机制，以适应不断变化的教育环境和学生需求。高校思想政治工作面临着多样化、复杂化的挑战，因此，组织保障的拓展应注重以下几个方面：首先，建立开放性的工作合作模式。高校思想政治工作涉及多个层面和方向，如学生教育、教师培训、宣传教育等，这些都需要各部门之间紧密合作，因此，高校应鼓励不同部门之间开展交流合作，形成开放性的工作合作模式，促进信息共享和资源整合，避免信息孤岛和资源浪费，实现工作的高效衔接和协同发展。其次，注重跨学科、跨领域的融合创新。高校"大思政"育人体系的实践需要在思想政治教育领域寻求创新和突破，这就需要各岗位的人员具备跨学科、跨领域的知识和能力，能够将不同学科的理论和方法有机结合，形成创新的教育手段和方法，高校应该鼓励教师参与跨学科的教学团队和研究项目，推动学科之间的交叉融合，为思想政治工作带来新的思路和实践。再次，倡导全员参与的育人理念。育人是全校范围内的系统工程，需要全员共同参与，而不仅仅局限在某个特定岗位或部门。高校应该树立全员参与的育人理念，让每一名教职员工都认识到自己育人的重要责任，通过教学、科研、管理等方面的工作，积极投身思想政治教育，为学生的全面成长贡献力量。最后，加强对组织保障效果的监督和评估。高校在完善育人机制和加强组织保障的过程中，需要建立健全监督和评估体系，对工作效果进行定期评估，及时发现问题和不足，加以改进和优化。通过评估结果，高校可以了解组织保障措施的实际效果，发现工作中的薄弱环节，有针对性地进行改进和提升，以保障思想政治工作的持续改进和创新。

加强育人各岗位的组织保障对教师队伍建设和专门力量支持具有深远影响，高校教师是学生思想政治教育的主要实施者和引领者，而专门力量则包括学生辅导员、思政导师等专业育人人员，他们在高校育人工作中扮演着至关重要的角色。组织保障应当注重教师队伍的长期发展和激励机制的建设，高校可以通过定期举办教师培训、学术交流等活动，提高教师的育人水平和教学能力。此外，建立合理的薪酬激励和晋升机制，对育人工作表现优秀的教师予以嘉奖和奖励，进一步激发教师投身育人工作的积极性。高校应重视师风师德建设，强化教师的道德教育和品格塑造，优秀的教师不仅要在学术上有卓越造诣，更要在思想品德上作出榜样。通过推选和宣传优秀育人师范，可以让更多教师受到感染和激励，向优秀育人师范学习，不断提升自身育人水平。专门力量在高校"大思政"育人体系中起到桥梁和纽带的作用，他们能更深入地了解学生的需求和问题，提供更个性化的思想教育服务。因此，高校应该加强对学生辅导员、思政导师等专业育人人员的培训和培养，提高他们的综合素质和专业水平。

加强育人各岗位的组织保障在高校"大思政"育人体系的实践中对构建"三全"一体化育人体系具有重要意义，这一体系强调在思想政治工作中全面培养学生，包括德育、智育、体育和美育的全面发展。高校"大思政"育人体系的核心是培养德才兼备的社会主义建设者和接班人，而德育是其首要任务。通过加强学生思想品德教育，培养学生正确的价值观和人生观，高校能够将德育渗透到课程教学、校园文化建设等方方面面，使学生具备崇高的品德修养和坚定的社会主义信念。与此同时，在知识经济和信息时代，智力素质的培养与提升对当代大学生个人的成长也显得尤为重要，高校思想政治工作应当注重学生的学术研究和学习能力培养，激发学生的学习兴趣和创新精神，采用启发式教学方法，引导学生主动思考、探索和发现知识，培养他们的创新意识和解决问题的能力，鼓励学生勇于探索未知领域，挑战自己的学习极限，不断追求新的知识和技能，培养他们的求知欲和探索精神，激发学生的学习潜力，推动智育的全面提升。强调体育育人是"大思政"育人体系的重要组成部分，体育活动不仅有益于学生身体健康，更能培养学生团结协作、坚持不懈的意志品质，高校可以加强体育锻炼、举办校园运动会等活动，促进学生身心的全面发展。美育在高校思想政治工作中亦不可忽视。通过文化艺术教育，高校能够培养学生的审美情趣和创造力，使他们能够欣赏美、创造美,并能将美学知识融入日常生活和学习中。构建"三全"一体化育人体系强调教学与实践相结合,高校应当将思想政治教育融入课堂教学和学科实践中,使学生在学习知识的同时,也能够增强思想政治素质。此外,丰富多样的社会实践活动也是培养学生社会责任感和实践能力的重要途径。总的来说,加强育人各岗位的组织保障有助于构建"三全"一体化育人体系,使高校思想政治工作能够全面覆盖学生的成长发展需求。通过德育、智育、体育和美育的有机融合,高校能够培养出德智体美劳全面发展的社会主义建设者和接班人,为国家和社会的繁荣进步贡献更多优秀人才。同时,教学与实践相结合的思想政治教育方式,能够更加贴近学生实际,增强思想政治教育的针对性和实效性。

第三节 搭建平台:强化高校思想政治工作的平台支撑

强化高校思想政治工作的平台支撑在高校"大思政"育人体系的实践中具有独一无二的作用。在信息时代,网络媒体成为高校思想政治工作传播的主要渠道,建设健全高校网络思政媒体平台,如校园官网、微信公众号、校内社交媒体等,能够及时、全面地传递思政教育内容,引导广大师生正确的价值观和世界观,增强思想政治教育的针对性和实效性。构建这样的平台,有助于促进高校思想政治工作的理论研究和实践探索,通过组织学术研讨、研究成果展示等活动,提升教师的专业水平和育人能力,推动思想政治工作理论的创新和发展。同时,为高校提供咨询与交流服务,帮助学校总结成功经验,解决工作中的问题,进一步提高工作质量和效率。教师队伍是高校思想政治工作的主要实施者,完善思想政治工作队伍研修工作平台,通过开展培训、研讨、交流活动,提高教师的育人水平和创新意识,推动高校思想政治工作不断与时俱进，适应时代发展和学生需求的变化。大学生社会实践是思想政治工作的重要组成部分。搭建大学生社会实践基地平台，为学生提供各类社会实践机会，让他们走出校园，参与社会服务和社区建设，增强学生的社会责任感和实践能力。通过实践活动，学生能够更深刻地认识社会现实，不断拓展思想视野，培养全面发展的品质。这些搭建平台的举措有助于高校"大思政"育人体系的实践。通过信息传递、学术研究、队伍培训和社会实践等方面的平台支撑，高校能够更好地实现全员育人，提升教育质量，培养德智体美劳全面发展的社会主义建设者和接班人，为国家和社会的繁荣进步作出积极贡献。

在构建高校"大思政"育人体系的实践路径中，搭建强大的平台支撑强调高校需要为思政工作提供全面支持和资源，以确保思政教育的全面发展。高校可以建立专门的思政教育研究中心，这个中心将成为深化思政教育理论和实践的智慧之地。研究中心可以集结国内外思政教育领域的专家学者，开展前沿研究项目，深入探讨如何更好地传承和发展社会主义核心价值观。这个平台不仅有助于高校内部的思政教育研究，还可以促进思政教育理论的创新和实践的提升。研究中心的职责还包括开展教材编写、课程设计、教学方法研究等工作。它将为高校教师提供先进的教育理念和方法，帮助他们更好地理解社会主义核心价值观，并将其融入日常课堂教学中。思政教育研究中心的建立将成为高校思政教育的智力支撑和理论引领，它将为高校提供深入研究、交流和合作的平台，有助于提高思政教育的质量和深度。通过与国内外专家的互动，高校可以更好地了解国际上思政教育领域的最新动态和成果，从而不断提升本土思政教育的水平。思政教育研究中心也将成为师生深化思考和研究核心价值观的场所，推动高校思政教育的理论和实践创新。它将为培养更多有社会责任感和领导力的新一代公民提供有力支持，为国家和社会的进步贡献更多力量。这一实践路径将使高校思政教育更加科学化和专业化，有助于更好地满足学生的需求和社会的发展要求。

高校思政教育的成功离不开教师与学生之间积极的互动和深入的沟通，因此，建立一个有效的师生互动平台至关重要，这个平台可以采用多种形式，旨在促进师生之间的思想交流、讨论和合作。高校应提供学术资源和研究平台，学生可以通过网络获取学术期刊、论文、研究报告等相关资料，开展科研项目和学术研究，与老师和同学共同探讨和交流学术问题。同时，教师也可以通过这些平台与学生深入交流，解答他们的疑惑，引导他们思考重大的伦理和社会议题。线上平台也可以为师生互动提供便利，高校可以建立在线论坛、博客或社交媒体群体，让师生可以随时随地分享想法、讨论话题，这种开放性的平台有助于促进思想碰撞，激发创新思维，让学生更加积极地参与社会和政治讨论。我们还应该鼓励学生参与社会实践项目和志愿者活动，通过解决实际的社会问题，学生将能够将抽象的核心价值观与现实生活联系起来，教师可以在这个过程中担任指导者的角色，引导学生将所学知识和思想应用到实际中，培养他们的社会责任感和领导力。师生互动平台将促进高校思政教育的深化和全面性发展，通过讲座、研讨会和线上社交媒体，学生将更积极地参与思政教育，与教师和同学分享观点和经验。这将有助于加强师生之间的情感联系，建立更紧密的学术社区。通过社会实践和志愿者活动，学生能够将社会主义核心价值观付诸实践，锻炼领导力和社会责任感。教师的引导和指导将确保学生在实践中得到有效的引导，不仅理解社会主义核心价值观的含义，还能在实际行动中践行它们。师生互动平台不仅促进了思政教育的深化，还为学生提供了更广泛的知识和经验，有助于他们更好地融入社会，为社会的进步和发展贡献更多力量。这一实践路径将使高校思政教育更加丰富多彩，有助于更好地满足学生的需求和社会的发展要求。

为了构建高校"大思政"育人体系，建设思政教育资源库是至关重要的一环。这个资源库可以包括各种类型的思政教育资料、教材、案例研究、研究成果和实践经验的收集与整理。资源库的建设旨在为教师和学生提供全面的、多样化的教育资源，以支持思政教育的深入开展。资源库可以收纳各类教材和教辅资料，涵盖政治理论、伦理道德、社会实践等多个方面，这些教材应当充分融合国内外最新的思政教育理论和实践，以确保教育内容的前沿性和权威性，教师可以从资源库中挑选适合自己教学需求的教材，提高教学质量和效果。资源库还应包括案例研究和成功实践的分享，这些案例可以涵盖不同领域的思政教育实践，包括学校内部活动、学生社团组织、社会实践项目等，通过分享成功案例，教师和学生可以学习到如何将社会主义核心价值观融入实际行动中，如何培养社会责任感和领导力。资源库还应该包括研究成果和学术论文的收录，这些研究成果来自思政教育领域的专家学者，涵盖了各个方面的研究课题，教师和学生可以通过阅读这些论文，了解最新的思政教育理论和研究进展，促进自身的学术成长和思考深化。思政教育资源库的建设将为高校的思政教育提供坚实的资源基础，教师可以从中选取丰富的教材和案例，以更好地满足不同学生群体的需求；学生也可以从资源库中获取相关信息，拓宽知识领域，深化对社会主义核心价值观的理解。资源库的存在将促进教师和学生之间的互动和合作，鼓励他们分享经验和心得，这有助于思政教育的全面发展，使其更加贴近实际生活和社会需求。这一实践路径将丰富高校思政教育的内容和方法，有助于更好地培养有社会责任感和领导力的新一代公民，为国家和社会的进步贡献更多力量。

一、健全完善高校网络思政媒体平台

在高校"大思政"育人体系的实践中，健全完善高校网络思政媒体平台发挥着重要的信息传递和传播作用。随着信息技术的飞速发展和智能移动设备的普及，高校网络思政媒体平台成为学校与学生、教师之间信息交流的主要渠道。首先，平台的便捷性和实时性使得思政教育内容可以及时发布和传达给广大学生。学生可以通过手机、平板电脑等设备随时随地访问平台，了解最新的思政教育信息和活动安排，从而更加紧密地与学校思政工作保持联系。其次，高校网络思政媒体平台具有多样化的媒体形式和内容呈现方式。不仅仅局限于传统的文字信息，平台还可以通过图片、音频、视频等多种形式进行信息展示，这样的多样化内容呈现方式更能吸引学生的注意力，使思政教育内容更生动、更有趣，增强了学生的参与和学习体验。再次，高校网络思政媒体平台还促进了学生与学校思政工作之间的双向互动，学生可以通过留言、评论、分享等互动方式与平台上发布内容的教师进行实时交流，提出问题、表达观点，与教师之间建立更加密切的联系。同时，教师也能借助平台的反馈机制了解学生对思政教育的反馈和需求，从而更加精准地调整教学内容和方法。最后，高校网络思政媒体平台的开放性和分享性也为学生的综合素质和自主发展提供了更多机会，学生可以在平台上主动分享自己的学习成果、社会实践经历、志愿服务活动等，展现个性和才华。这种开放的学习环境和分享氛围能够激发学生的创新精神和自主学习意识，培养学生的综合能力和社会责任感。

在高校"大思政"育人体系的实践中，健全完善高校网络思政媒体平台拓展了思政教育的覆盖面，并推动了思政教育的个性化发展。这一点在传统思政教育中往往难以实现，因为传统的思政教育主要以课堂教学为主，学生受限于时间和空间，很难全面接触到丰富多样的思政教育内容。通过高校网络思政媒体平台，学校可以为学生提供更丰富多样的思政教育内容，涵盖国内外重要政治新闻、热点问题解读、历史文化知识、国学经典、社会实践活动等方面，这种广泛的内容覆盖能够满足不同学生的学习需求和兴趣，使得思政教育变得更加个性化，学生可以根据自己的兴趣和需求选择感兴趣的内容进行学习，从而提高学习的积极性和主动性。高校网络思政媒体平台也为学校开展深入细致的思政教育提供了便利。传统的思政教育往往受限于课堂时间和学时的限制，很难涵盖所有重要的思政教育内容。而通过网络思政媒体平台，学校可以随时随地发布教育内容，举办线上学习活动、讲座和研讨会，不受时间和地点限制，确保思政教育的深入开展。在平台上，学生可以自主选择学习的时间和学习的内容，根据自己的学习进度和兴趣进行学习，这种自主学习的方式能够激发学生的学习兴趣，提高学习效果。同时，学生可以在平台上与教师进行交流和互动，及时解决学习中的疑难问题，获得更好的学习帮助。

在高校"大思政"育人体系的实践中，健全完善高校网络思政媒体平台对于师生互动和思想交流起到了积极促进作用。传统的思政教育往往是教师单向传授知识，学生被动接受，而高校网络思政媒体平台打破了这种单向教学模式，实现了师生之间的双向互动和交流。高校网络思政媒体平台提供了师生之间的实时交流渠道，学生可以通过平台上的留言、评论等方式与发布内容的教师进行互动，提出问题、表达观点、分享学习心得。这种实时交流的方式使得教师能够更加了解学生的学习情况和思想动态，及时解答学生的疑问，帮助学生更好地理解和掌握思政教育内容。学生可以通过平台上的讨论区、社群等功能与同学们一起讨论学习内容、交流心得，形成学习共同体，这种学生之间的思想交流和共享能够激发学生的学习兴趣，培养学生的合作意识和团队精神。高校网络思政媒体平台还促进了教师之间的学术交流和经验分享，教师可以在平台上发布教学心得、教育案例等内容，相互借鉴和启迪，提高思政教育质量。教师之间的学术交流和经验分享能够促进教学水平的提高，共同探索有效的教学方法和策略。此外，高校网络思政媒体平台还促进了师生之间的情感交流和师生关系的深化。通过平台上的互动和交流，师生之间的距离感和隔阂感得以缩小，师生之间的情感联系更加紧密。教师关心学生的学习和生活，学生也更愿意向教师倾诉自己的困惑和心声，形成了和谐而富有温暖的师生关系。与此同时，健全完善高校网络思政媒体平台对于加强高校思政工作的监督与评价起到了重要的作用。高校思政工作的有效开展需要不断的监督和评价，可以确保工作方向正确，内容丰富，质量优良。首先，高校网络思政媒体平台为高校思政工作的监督提供了透明的窗口，平台上发布的思政教育内容和活动可以被广大师生及社会各界所看到，任何有关思政工作的信息都能够在平台上公开透明地呈现。这样，高校思政工作的开展情况能够得到有效监督，减少信息不对称和管理漏洞。高校网络思政媒体平台为高校思政工作的评价提供了依据，平台上可以通过测评、投票、评论等方式获取师生的反馈和意见，从而了解思政工作的受众满意度和效果。学生可以在平台上留下对思政教育的评价和建议，教师和管理人员也可以通过平台了解学生的想法和需求，从而对思政工作进行调整和优化。平台上的反馈信息和评价结果能够帮助高校思政工作的管理者了解工作的不足之处，及时进行改进和调整。通过收集不同角度的意见和建议，高校思政工作可以不断优化内容和方法，确保思政教育更加贴近学生需求和社会实际。其次，高校网络思政媒体平台还有助于建立高校思政工作的信任机制，通过平台的公开透明，师生可以更加清楚地了解高校思政工作的真实情况，从而建立起对工作的信任。这种信任机制有助于凝聚师生对思政工作的共识，形成良好的工作氛围。综上所述，健全完善高校网络思政媒体平台在高校"大思政"育人体系的实践中对于加强高校思政工作的监督与评价发挥了关键作用，通过透明的呈现、师生的互动反馈、持续的改进机制以及信任建立，平台促进了思政工作的有效监督和全面评价，有助于确保思政工作在正确的方向上持续前进，为学生提供更加优质的思政教育。

二、健全完善思想政治工作研究、咨询、交流服务平台

（一）理论深化与创新

在高校"大思政"育人体系中，健全完善思想政治工作研究、咨询、交流服务平台具有重要的作用。首先体现在理论深化与创新方面，这些平台作为知识汇聚的中心，汇集了来自各个领域的最新研究成果和理论观点。高校思想政治工作者可以通过平台深入了解国内外政治、社会、文化等领域的新

动态，从而拓宽视野、深化理解。平台不仅为高校教师提供了学术交流的平台，也有助于学者们就思政工作中的理论难题展开深入的讨论，推动思想政治工作的理论创新。此外，平台也为思政工作的创新提供了理论支持推广的途径。高校思想政治工作者可以通过平台了解到不同领域的创新经验和实践案例，从而借鉴和吸收创新思维和方法，这种跨学科、跨领域的交流和融合，有助于推动思政工作从传统的灌输式教育模式向探究式、创新式模式的转变，更好地适应时代发展和学生需求，通过提供丰富的理论资源，促进了思政工作理论的深化与创新，为高校思政工作者提供了宝贵的思想指导和启发。

（二）高校间交流与合作

在高校"大思政"育人体系的实践中，健全完善思想政治工作研究、咨询、交流服务平台不仅在理论深化与创新方面发挥作用，还在促进高校间交流与合作方面具有重要作用。这些平台成为高校之间跨地域、跨层次的交流桥梁，教师和管理人员可以通过平台分享不同高校的思政工作经验、成功案例以及教学模式，从而促进了思政工作的互相借鉴与学习。不同高校的不同实践，如人才培养模式、社会实践活动、课程设计等，都能在这些平台上得到分享，从而带来新的灵感和思路，这种交流与合作有助于思政工作的互通有无，推动工作的创新与提升。同时，平台也为高校间合作提供了便利，高校可以通过平台找到合作伙伴，共同开展联合研究、项目合作、学术交流等活动，这种合作不仅有助于资源的共享，还能够形成协同效应，提升整体的思政工作水平。高校之间的合作可以跨越地域和专业，形成更为广泛的合作网络，共同推动思政工作的开展。综上所述，健全完善思想政治工作研究、咨询、交流服务平台在高校"大思政"育人体系的实践中，不仅有助于高校间思政工作经验的互相借鉴和学习，还促进了跨校合作与交流，推动了思政工作的全面提升。这种合作与交流，为高校"大思政"育人体系的建设提供了更加宽广的舞台。

(三)实践经验的共享与借鉴

在高校"大思政"育人体系的实践中,健全完善思想政治工作研究、咨询、交流服务平台在实践经验的共享与借鉴方面也发挥着重要作用。这些平台让各个高校能够分享自身的思政工作实践经验。通过在平台上分享成功的案例、创新的方法和行之有效的策略,高校之间得以相互启发,借鉴他人的经验,避免重复努力,这种共享有助于加快思政工作的进程,使每个高校都能站在巨人的肩膀上,从别人的成功与失败中汲取智慧,更好地开展思政工作。此外,实践经验的共享与借鉴也有助于推动思政工作的创新,通过了解不同高校在不同背景下所采取的创新实践,其他高校可以受到启发,将这些创新思路应用到自身的思政工作中,实践经验的共享,有助于思政工作不断更新和改进,使其更贴近学生,更适应社会发展的需求。健全完善思想政治工作研究、咨询、交流服务平台在高校"大思政"育人体系的实践中,在实践经验的共享与借鉴方面发挥着重要作用。通过平台的共享机制,高校能够更好地借鉴他人的成功经验和创新做法,从而在思政工作中不断进步、创新,提升整体育人效果。

(四)推动思政工作人员的专业提升与成长

在高校"大思政"育人体系的实践中,健全完善思想政治工作研究、咨询、交流服务平台在推动思政工作者的专业提升与成长方面发挥着重要作用。这些平台为思政工作者提供了一个持续学习和成长的机会,平台上发布的专业文章、研究成果和专家观点,能够帮助思政工作者跟上思政理论的最新发展,了解学科前沿动态。通过阅读这些内容,思政工作者能够不断丰富自己的知识储备,提升自己的专业素养。平台还为思政工作者提供了交流和讨论的机会,促使他们在交流中不断反思和探索,进一步提升自己的理论水平和实践能力。此外,平台还能够帮助思政工作者拓宽视野,了解多元化的观点和思想，通过接触不同领域、不同背景的观点，思政工作者能够更好地理解社会复杂性，培养开放的思维方式，从而更好地引导学生理解多样性的世界观。

三、健全完善思想政治工作队伍研修工作平台

平台在高校"大思政"育人体系的实践中，为思政工作人员提供了持续学习和深度研究的机会，从而有助于提升他们的专业知识与素养。这些平台不仅提供了党的路线方针政策、国家政策法规等方面的培训内容，还包括了哲学、伦理学、社会学等相关学科的知识，思政工作人员通过参与这些课程和研讨，能够更好地理解党的指导思想，更深入地把握社会发展的趋势，使自己在政治素质、专业素养上得以全面提升。此外，研修工作平台还提供了多样化的学习资源，如专业文章、学术论文、研究报告等，这些资源使思政工作人员能够在不同领域广泛涉猎，增强自己的学术素养。通过研读最新的理论研究成果，思政工作人员能够不断更新自己的思想观念，拓展自己的学术视野，从而更好地应对思政工作的挑战。研修工作平台在高校"大思政"育人体系的实践中，通过提供丰富的学习资源和专业培训，有助于提升思政工作人员的专业知识与素养，这种知识的积累与提升，为他们更好地履行育人使命、传递正确的思想价值观提供了坚实基础。研修工作平台在高校"大思政"育人体系的实践中，不仅是一个专业学习的平台，更是一个促进思政工作人员跨界学习和拓宽视野的窗口，从而为他们提供更广阔的知识背景和思维框架。通过研修平台，思政工作人员可以与各个领域的专家学者进行互动，参与多领域的讨论和研讨，这种跨界的学习与交流，有助于思政工作人员了解社会的多元性和复杂性，促使他们从更广泛的角度审视问题，打破传统思维的局限。例如，他们可以从经济学家那里了解经济发展对思想政治工作的影响，从科技专家那里了解信息时代下的新挑战等。思政工作本身就需

要与时俱进，融汇各种思想和观点，研修工作平台提供了与不同领域的专家交流的机会，有助于将不同领域的新思维和方法引入思政工作中。思政工作人员可以从其他领域汲取灵感，将创新的观念融入育人实践中，使思政工作更加生动有趣、贴近学生。有助于思政工作人员的跨界学习和拓宽视野，打破学科壁垒，获得多元的思维方式，为思政工作的创新与发展提供新的思想和路径。

研修工作平台在高校"大思政"育人体系的实践中，对提升思政工作人员的教育教学水平起到了关键作用。首先，这些平台提供了丰富的教育教学资源，包括教材、教案、教学设计等，思政工作人员可以在平台上获取到多种不同类型的教育资源，从而更好地为学生提供精心设计的教学内容，这有助于提升课堂教学的针对性和吸引力，使学生更加积极主动地参与到思政教育中来。其次，研修平台还提供了教育教学方法和策略的培训，思政工作人员可以学习到各种教学方法，如案例教学、讨论教学、互动式教学等，从而更好地满足不同学生的学习需求，这些培训还可以帮助思政工作人员提升课堂组织能力和沟通技巧，使他们在教学过程中更加得心应手。此外，研修平台还为思政工作人员提供了教育教学经验的分享机会，他们可以通过平台与其他高校的思政工作人员交流教学经验，了解不同学校在思政教育中的成功实践，这种经验交流有助于思政工作人员互相借鉴、共同进步，推动整个思政教育事业的发展，也有助于提升思政工作人员的教育教学水平，这种提升不仅能够提高思政课堂的教学质量，也能够更好地满足学生的需求，推动学生的全面发展。研修工作平台在高校"大思政"育人体系的实践中，不仅是一个个体学习的平台，更是构建学习共同体和促进互动交流的重要渠道，为思政工作人员的成长和发展提供了有力支持。首先，研修平台为思政工作人员提供了一个共同学习的空间。这些人员来自不同的高校和部门，有着不同的背景和经验，通过参与研修平台，他们能够汇聚在一起，共同学习党的理论、国家政策等，形成一个学习共同体。在这个共同体中，他们可以互相启发、互相学习，共同进步，这种共同学习的氛围有助于激发思政工作人员的学习动力，加强他们的专业认同感。其次，研修平台促进了思政工作人员之间的互动交流。平台提供了在线研讨、讨论区等功能，使思政工作人员能够随时随地与其他人员交流意见和经验，他们可以分享工作心得、教学经验、教材资源等，从而互相借鉴、共同成长。这种互动交流不仅有助于解决工作中的困难和问题，还可以促进思政工作人员的团队合作意识，推动整个思政育人体系的发展。与此同时，研修平台还可以促进思政工作人员之间的深度合作。他们可以通过平台发起合作项目、研究课题等，共同探讨思政工作的前沿问题，推动思政教育的创新，这种合作不仅有助于思政工作人员的个人成长，也有助于整个思政育人体系的建设。研修工作平台在高校"大思政"育人体系的实践中，通过构建学习共同体和促进互动交流，为思政工作人员的学习、交流和合作提供了有力支持，这种支持不仅促进了个体的成长，也为整个思政育人体系的发展注入了活力和创新力。

四、健全完善大学生社会实践基地平台

健全完善大学生社会实践基地平台在高校"大思政"育人体系的实践中，有助于拓展学生的社会视野，并培养他们的社会责任感。大学生社会实践是学生走出校园，亲身参与社会实际活动的机会。通过参与各种社会实践项目，学生可以更深入地了解社会的多样性和复杂性，感受不同群体的生活状况和需求。例如，学生可以参与社区服务、农村支教、环保活动等，与不同社会群体互动，体验不同生活环境，从而加深对社会问题的认识和理解。在这个过程中，学生还能够培养出更强的社会责任感，通过亲身参与社会实践，他们能够感受到自己作为社会成员的责任和使命，意识到个人的行为和选择对社会和他人产生的影响，这种社会责任感的培养有助于学生在未来的职业和生活中，更加关注社会问题，积极参与公益活动，为社会发展和进步贡献力

量。大学生社会实践还可以让学生深入了解党的路线方针政策和国家发展战略，将理论与实际相结合，使他们更加明确自己的发展目标和使命，通过实践，学生可以感受到党和国家对青年人的重视，进而增强对党和国家的认同感和信心。拓展社会视野和培养社会责任感，有助于培养具有社会担当和国家情怀的高素质人才。这种实践经验将为他们未来的发展和成就奠定坚实基础。健全完善大学生社会实践基地平台在高校"大思政"育人体系的实践中，还具有引导家庭形成符合我国意识形态的价值取向的重要作用。家庭是学生的第一课堂，家庭教育对于学生的思想观念和价值观的形成具有重要影响，而大学生社会实践正是一个连接学校和家庭的纽带，通过实践活动可以深入学生的家庭生活和社会环境，影响家庭的教育方式和家庭氛围。通过大学生社会实践基地平台，高校可以选择合适的实践项目，将学生引导到涉及家庭、社区和社会的活动中，让学生在实践中感受到我国社会主义核心价值观的影响和引导。通过实际的亲身经历，学生可以感受到这些价值观对于个人幸福和社会和谐的重要作用，进而影响家庭中的教育方式和价值导向。这种影响能够在学生的家庭生活中逐渐显现出来，从而促进家庭与学校共同培养出更符合我国意识形态的高素质人才。

第四节　建强队伍：加强教师队伍和专门力量建设

在高校"大思政"育人体系的实践中，建强队伍即加强教师队伍和专门力量的建设，从完善选、培、管制度、加强师风师德建设，到完善激励、考核和评价机制，构成了一个紧密关联且相互促进的体系，发挥着至关重要的作用。这些方面的综合努力共同塑造了高素质的教育引领者，为培养具有坚定信仰、全面发展的社会主义建设者和接班人贡献力量。首先，在完善选聘制度方面，高校通过精准选拔具有优质思政教育背景和专业素养的教师，确保了思政教育的高质量。这些教师不仅在学科领域有扎实的知识基础，更具备党的理论素养，能够将党的思想与学科知识相结合，以深入浅出的方式引导学生深入思考，提升了教育的深度和广度。其次，在培训体系的加强下，教师队伍能够不断拓展自己的教育教学视野和专业素养。这包括思政教育的专业素养、教育心理学、教学方法的创新等方面，通过培训，教师能够更好地了解学生需求，开展更有针对性的思政育人工作，同时也能在教学中注重培养学生的创新精神和实践能力。在师风师德建设方面，教师们的楷模作用愈发显著。他们在言传身教中践行着高尚的师德师风，为学生树立了道德楷模，这种师德的传承与践行不仅在课堂内外有所体现，更是培养学生积极向上的品格和价值观的重要影响因素。最后，完善的激励、考核和评价机制为教师队伍的创新活力提供了有效的激发和保障。教师们在思政育人工作中的出色表现可以得到肯定和奖励，在这种机制激励下，教师们更愿意积极投入到创新的思政教育实践中，推动了思政教育的不断发展。

一、完善选、培、管制度

在高校"大思政"育人体系的实践中，完善教师制度的选、培、管制度发挥着关键作用，为培养具有坚定信仰、全面发展的社会主义建设者和接班人提供了优质教育资源的引领和保障。完善选拔制度，高校能够选拔出具有优质思政教育素养和专业背景的教师，这有助于确保思政教育的高质量铺广，通过严格的选拔程序，筛选出具有丰富知识储备、党性坚定的优秀教师，从而为学生提供丰富的思想教育资源。他们不仅在课堂内传递知识，更在言行间传递着党的价值观和理念，这些教师以身作则，为学生树立了积极向上、道德高尚的榜样，引导学生在成长中注重自身素质的提升。在选拔过程中，可以借鉴外部专业评审、同行评议等方法，确保选拔出的教师真正具备思政教育的专业素养。此外，透明公正的选拔程序也能够提升教师队伍的凝聚力和向心力，为高校思想政治教育的长远发展奠定基础。通过为德育人才提供专业发展的平台，如德育研讨会、教师交流班等，可以进一步增强他们的专业知识和教育技能，使其成为学生道德塑造的榜样。选拔与培养相结合，能够形成一个高质量的教师队伍，为"大思政"育人体系的实践提供有力的支持。

培养制度的健全能够不断提升教师的教育教学水平和综合素质，教师们通过系统的培训，不仅增强了思政教育的专业素养，更学习到创新的教育方法和策略，这些培养举措有助于将理论教育与实际教学相结合，让学生更好地理解和应用党的理论，教师们能够不断拓展自己的教育视野和教学能力。培训使得他们不仅关注课堂教学，更能在思政育人工作中展现更多的创新和引领能力。通过培养，教师们成为学生的知识导师，更是思想引路人。培训机制的完善对于提升教师的专业水平至关重要，培训不仅仅应该局限于理论学习，更需要注重实际操作和教学应用。培训计划可以设计成多层次、多样化的形式，根据教师的不同经验和需求，提供个性化的培训内容，从理论课程到案例分析、教学设计等，培训可以涵盖思政教育的方方面面，使教师能够深刻理解社会主义核心价值观、社会主义意识形态等重要内容。为了增强培训的实效性，可以引入问题导向的培训模式，教师在培训中遇到的实际问题可以成为讨论和学习的重要素材，从而使培训更具针对性和实用性。此外，鼓励教师参与教学案例的分享和交流，促进教师之间的互相学习，将培训的成果转化为实际教学效果。通过不断提升教师的专业水平，高校可以确保思政教育的深入实施和有效推进，教师将更具教育教学的自信，更能够应对各类教学挑战，为学生提供更具价值的思政教育，培养符合时代要求的优秀人才。高校"大思政"育人体系的建设不仅仅是内部教育体系的塑造，更是为社会培养有责任感、有担当的新一代青年。完善的制度可以在教师的社会责任感方面加强引导，使教师成为社会主义核心价值观的践行者和传播者。在培训中注入社会责任感的培养，可以通过案例分析、实践参与等方式进行，教师在培训中接触真实的社会问题，思考如何用自己的专业知识和道德观念为社会作出贡献，从而激发他们的社会责任感。我们要建立校内外社会实践平台，为教师提供参与社会公益活动的机会，这可以包括志愿者活动、社区服务、科普宣讲等。通过亲身经历，教师能够更深刻地感受到自己的社会使命，将这种责任感传达给学生，引导他们积极参与社会建设。同时，制度建设可以强调教师在课堂教学中的社会责任，通过案例研究、实际问题讨论等方式，教师可以引导学生思考社会问题，培养他们的社会责任感和公民意识。教师的言行举止也是学生的榜样，通过制度的引导，教师能够更好地传递社会主义核心价值观。

在管制度的加强下，教师的发展和业绩得到了有效的引导和监督，高校建立了完善的教师考核和评价机制，鼓励教师在思政育人工作中有所突破和创新。同时，通过规范的管理，能够确保教师队伍的整体素质和业务水平，提高思政教育的实效性，在管制度的规范下，教师队伍能够以更高的标准自我要求，持续提升自身水平。教师的激励和考核机制不仅是对教学工作的评价，更是对育人事业的肯定，这种正向激励和约束机制有助于塑造教师队伍中的典范，激发更多教师的教育热情和责任感，这种制度的完善不仅能够培养出高素质的思政教育引领者，更能够确保思政教育始终在正确的方向上前进，为学生的思想道德培养提供更有力的支持。高校"大思政"育人体系的成功实施需要一支充满活力、充满创新的教师队伍，完善的教师队伍管理制度能够引导高校实现教师队伍的多元化发展，在这一方面，我们应该鼓励招聘不同背景和专业领域的教师，从而拓展思政教育的视野。例如，引入社会科学、人文艺术等多个领域的专家，使思政教育更富有渗透性和广泛性，贴近学生的兴趣和需求。通过优化教师队伍结构，高校能够形成一支知识面广、教育理念新颖、具有创新意识的教师团队，为"大思政"育人体系注入新的活力和动力，更好地引导学生成为有思想、有情感、有责任的社会主义建设者。

二、加强师风师德建设

教师作为学生的引路人和榜样，在塑造学生成长道路上具有不可替代的作用。加强师风师德建设不仅是对教师个人道德修养的要求，更是对整个教育体系的要求。优秀的师德行为不仅是在课堂上的言传身教，更体现在教师平时的处事风格、与人相处的态度以及社会责任感上。这些行为在学生心中留下深刻印象，引导他们在日常生活中树立正确的价值观和人生观。高校教师的道德楷模地位不仅仅在教育领域，也在社会范围内产生影响，他们的行为和言行影响着家庭、社区乃至整个社会。一位以高尚师德为典范的教师，可以在社会中传播正能量，成为引导社会风气的力量。因此，加强师风师德建设不仅是高校内部的任务，也是为社会培养有道德情操、责任担当的公民的重要途径。通过加强教师师德的建设，高校可以树立一支以德为本的教师队伍，为学生树立积极的行为标杆，引导他们形成正确的人生观和价值观。同时，教师的良好师德也能够在社会中产生持续的正面影响，为社会主义核心价值观的传播贡献力量。

高校教师的师德不仅仅是一种道德标准，更是一种教育力量。教师通过自身的品德修养和行为示范，直接影响着学生的心灵成长和道德观念的塑造，他们的言行举止成为学生价值观养成的镜子，潜移默化地影响着学生的行为方式和人生选择。在"大思政"育人体系中，教师的师德可以被视为一种无声的思政教育，通过与学生的互动、交流，教师传递的不仅是知识，更是一种价值观念，优秀的师德使得学生能够在课堂内外感受到真善美的力量，培养他们关心社会、热爱集体、尊重他人的积极情感。教师的言传身教在培养学生成长过程中具有长远影响，学生在校园中受到的正面引导，将成为他们未来的精神财富和人生指南。因此，加强师风师德建设不仅仅是一种道德要求，更是教育责任的体现，只有通过优秀的师德，才能让思政育人的效果更加深远，为社会培养更具有社会责任感和公民意识的新一代人才。

教师的师德不仅在思政育人体系内产生影响，还在整个教育过程中具有重要意义。优秀的师风师德能够提升教师在学生中的影响力和感召力，这是因为学生往往更愿意向道德品质高尚、言行一致的教师学习。高校教师在课堂上不仅传授知识，而且传递价值观和人生智慧，通过言辞间的真诚关怀、行为中的积极作为，教师可以深入学生内心，激发他们对人生、社会的思考。这种影响力是建立在教师坚定的师德基础上的，只有通过自身的道德榜样，才能赢得学生的尊敬和信任，实现真正意义上的教育影响。同时，教师的影响力也不仅局限于学生个体，更涵盖着家庭、社会、国家。良好的师德行为不仅可以为学生的人生指引，也能够影响他们的家庭成员和社会周围的人，这种连锁反应将在社会中形成良好的价值传承链条，为社会主义核心价值观的传播作出积极贡献。因此，高校加强师风师德建设不仅仅是提升教育质量的需要，更是为了在广泛范围内实现教育的正面影响力。通过教师的高尚品德和行为，可以在学生、家庭、社会等层面产生持久的教育效应，引导新一代青年形成正确的价值观和人生态度。

师风师德建设对于塑造良好的校园文化起着关键性的作用。教师作为学校文化的引领者和传承者，其道德情操和职业操守直接影响着校园氛围和学生行为规范。通过加强师风师德建设，高校可以营造积极向上、和谐有序的校园文化，为学生成长提供良好的精神环境。在这种校园文化下，学生会受到潜移默化的影响，逐渐形成尊敬师长、团结友爱、乐于助人的价值观。教师的正面示范行为会在学生心中树立起一种积极的行为典范，激发他们融入校园文化，形成向上向善的生活态度，学生通过日常与师生互动中的观察和模仿，逐渐培养自己的情感修养和社会责任感。此外，良好的校园文化也能够吸引和留住优秀的教师，形成优秀教师的集聚效应。教师师风师德的好坏会在校园中传递，这将影响着新老教师的价值观选择和行为准则，良好的校园文化能够使教师更愿意投入思政育人工作中，形成积极的教育生态，推动"大思政"育人体系的全面发展。高校的师风师德直接关系着学校的社会声誉和形象，学校作为培养人才的摇篮，其教师队伍的品德和教育质量深刻影响着社会对学校的认知和评价。加强师风师德建设不仅是为了内部教育目标，更是为了增强学校的社会认同感和影响力。优秀的师风师德不仅在教育领域内受到尊重，也会在社会中产生广泛的影响，一位以高尚品德示范的教师，不仅能够为学生传授知识，更能为社会传递正能量。这种影响不仅体现在学生的成长中，也体现在学生日后的社会参与和贡献中，社会对优秀教师的尊重和赞誉将反过来提升学校的社会声誉，形成良性互动。良好的社会声誉也能够吸引更多的人才加入高校的师资队伍中，优秀的教师更愿意加入声誉卓越的高校，因为这不仅为他们提供了更好的教育平台，还将为他们的个人发展带来更多的机会。通过师风师德的建设，高校能够在招聘教师时更具竞争力，进一步提升教育水平和影响力，也将在社会中获得更多的认可和尊重，为"大思政"育人体系的成功实施提供更加坚实的基础。

三、完善激励、考核和评价机制

（一）完善激励机制

在高校"大思政"育人体系中，完善的激励机制不仅仅是一种奖励，更是一种对教师付出的肯定和鼓励，对于思政育人工作的积极开展具有重要意义。教师是思政育人的关键实施者，他们的积极性和创造力直接影响着思政育人工作的质量和效果。激励机制的建立，使得教师在思政育人工作中能够看到回报，从而更愿意投入心血，不断寻求创新的方法和策略。除了物质奖励，精神激励也是激励机制的重要部分。高校可以举办一系列座谈会、学术交流会，让优秀的思政育人工作者分享自己的经验和心得，从而将优秀经验在高校内部传承和推广，这种学术交流不仅让教师受益，也增进了他们的职业认同感，激发了更多教师投身思政育人工作的热情。此外，高校还可以设置成就展示平台，为在思政育人领域取得突出成就的教师提供展示自己的机会，这不仅是一种对他们工作的认可，更是鼓励其他教师的榜样。激励机制通过赋予优秀教师更多机会和声誉，形成了良性循环，进一步激发了全体教师的积极性和创造力。在完善激励机制的过程中，也应注重差异化激励，因为不同教师在思政育人工作中的付出和贡献不同，他们的奖励和激励方式也因人而异。因此，建立多样化的激励方式，兼顾教师个体的需求，能够更加精准地激发教师的积极性和创造力，从而进一步提升思政育人工作的质量和效果。在高校"大思政"育人体系中，激发教师积极性和创造力的激励机制不仅能够提供物质回报，更能够传递精神鼓励，倡导优秀经验的传承与分享，引导教师持续改进和创新，从而实现思政育人工作的持续优化和全面提升。

在高校"大思政"育人体系中，倡导优秀经验的传承与分享是激励机制的重要组成部分，它承载着对优秀思政育人工作的肯定，也促进了教师之间的协作与交流。优秀的思政育人经验是宝贵的财富，通过分享和传承，可以使这些经验在更广泛的范围内发挥价值，进一步推动思政育人工作的提升。高校应该树立优秀思政育人工作者成为典型代表，他们的成功经验可以为其他教师提供学习的范本，从而引导其他教师积极参与思政育人工作。除了传统的会议和座谈，高校还可以鼓励教师以多元的方式表达自己的经验，比如撰写经验分享文章、录制教学视频等，这样不仅能够让优秀经验更广泛地传播，也有助于培养教师的表达能力和创新思维。通过倡导优秀经验的传承与分享，高校能够形成一种积极向上的氛围，鼓励教师在思政育人工作中勇于尝试，不断创新，从而推动思政育人工作的创新和提升，这种分享精神不仅是对教师的鼓励，更是对整个高校思政育人体系的积极推动。

在高校"大思政"育人体系中，完善的激励机制不仅仅是为了奖励个体教师，更是为了促进整体教育质量的提升，教育质量的提升是高校育人目标的核心，而激励机制则是推动教师积极投入思政育人工作的重要手段。完善的激励机制鼓励教师在思政育人工作中不断探索和创新，教师有了充分的动力和信心，会更加愿意尝试不同的教育方法和策略，从而推动教育质量的不断提升。激励机制可以促使教师更关注学生的个体需求，为了获得奖励和认可，教师可能更加细心地倾听学生的声音，了解他们的需求，有针对性地进行教学设计，从而实现更加精准的教育。通过激励机制，教师在思政育人工作中的表现将直接影响到他们的奖励和晋升。这会鼓励更多的教师将时间和精力投入思政育人工作中，从而增加了教育资源的投入，促进教育质量的提升。完善的激励机制可以培养教师的教育责任感，通过奖励优秀思政育人工作者，高校传递出"优秀思政育人是一种责任和荣誉"的信息，从而激发更多教师对于思政育人工作的责任感和使命感。通过激励机制促进教育质量的提升，不仅有助于优化思政育人工作的内容和方法，更能够培养出更多思想政治素质高、全面发展的新一代人才。高校的努力和激励机制的支持将共同推动思政育人工作的不断提升，使其真正成为人才培养的有效路径。在高校"大思政"育人体系中，完善的激励机制不仅影响教师个体，还对整个教师队伍的专业发展和职业晋升产生深远影响，教师的专业发展和职业晋升是高校持续发展的重要保障，而激励机制则是在这一过程中引导教师追求卓越的重要手段。完善的激励机制鼓励高校为在思政育人领域有突出表现的教师创造更多的发展机会，设立专业岗位、特殊评价通道等，让这些教师在专业领域中有更大的发展空间，从而推动整个教师队伍的专业提升。可以鼓励教师在思政育人领域进行深入研究，通过奖励优秀的教学成果、研究论文，高校鼓励教师深入思考思政育人的理论和实践，不断提升自身的学术水平和影响力。激励机制不仅关注教师的个人发展，也关注整个专业团队的成长。通过奖励团队协作、项目合作等，鼓励教师在团队中互相学习、协作，实现共同进步，从而提升整个团队的专业素质。通过激励机制促进教师的专业发展和职业晋升，不仅有助于提升教师的整体素质和影响力，更能够为高校的持续发展注入源源不断的活力，这种机制能够激发教师在思政育人工作中持续追求卓越，为学生提供更加优质的思想政治教育。在高校"大思政"育人体系中，完善的激励机制不仅是对教师的个体激励,更是对整个思政育人工作的引导和推动,通过合理的激励机制,可以引导教师在思政育人工作中更加深入、全面地开展工作,使思政育人工作成为高校教育的重要组成部分。通过引导思政育人工作的深入开展,激励机制不仅能够提高教师对思政育人工作的重视程度,更能够将思政育人理念贯穿于高校教育的各个层面,从而实现高校"大思政"育人体系的全面推进和不断提升。这种引导作用不仅是对教师的鼓励,更是对整个高校育人目标的有力支持。

(二)完善考核机制

在高校"大思政"育人体系中,完善的教师考核机制扮演着举足轻重的角色,不仅仅是对教师个体工作的评价,更是对思政育人工作在高校教育中的重要地位的肯定与强调。这一机制通过设立明确的考核标准和评价体系,能够将高校思政育人工作的重要性传达给每一位教师,从而引导教师更加关注和投入这一关系着青年学生成长的重要领域。教师考核机制的建立是对思政育人工作的高度重视,是为了确保高校培养出具有正确世界观、人生观和价值观的社会主义建设者和接班人。通过设定明确的考核指标,高校向教师传递出一种明确的育人使命,使教师深刻认识到思政育人工作不仅仅是一项任务,更是一项充满挑战和责任的崇高使命,这种认知将激发教师更加投入思政育人工作,积极担负起培养未来社会栋梁的重要责任。教师考核机制还彰显了高校价值观在实践中的体现,高校的育人目标通常是培养具有德智体美劳全面发展的特点、高度思想政治素质的学生。这一目标与社会主义核心价值观紧密相连。通过设置与这些价值观一致的考核标准,高校不仅仅在传递知识,更在传递正确的价值观,将学生塑造成为对社会有益的公民。教师考核机制的设立还能够传递社会对高校思政育人工作的期望,社会对高校思政育人工作寄予厚望,期待培养出有理想信念、有道德情操、有文化素养、有社会责任感的优秀人才,通过设定与社会期望相符的考核标准,高校向教师传达出社会对于思政育人工作的高度关切,从而激发教师更加努力地投入这一重要使命中。此外,教师考核机制有助于塑造教师的形象,将那些在思政育人工作中表现出色的教师树立为学校的楷模,通过奖励优秀的思政育人工作者,高校不仅仅是对他们个人的认可,更是在校园内外塑造了一种典范,引领其他教师在思政育人工作中不断追求卓越。总之,教师考核机制在高校大思政育人体系中的完善,不仅在于个体教师工作的评价,更在于传递高校对思政育人工作的高度关切和重视。通过合理设置的考核机制,高校能够强调思政育人工作的重要性,将其纳入全面评价体系中,以此推动教师更加关注和投入这一领域,实现高校"大思政"育人体系的全面推进和不断提升。完善的教师考核机制在高校"大思政"育人体系中不仅仅是一种评价工具,更是一种激励手段,它有力地激发了教师在思政育人工作中的积极性和创新精神,这种机制将教师的个人职业发展与思政育人的效果紧密联系,使教师从被动的思政育人工作参与者转变为主动的推动者,从而推动思政育人工作的深入开展。教师在思政育人工作中获得优异的考核成绩,不仅仅是对他们工作的肯定,更是对他们投入和付出的回报,这种回报不仅是物质上的奖励,更是一种对教师在思政育人领域付出的认可。因此,教师会在追求良好考核结果的过程中,积极寻求创新,探索新的思政育人方法,不断改进自己的教育教学方式,以取得更好的成效。教师考核机制的激励效应不仅局限于当前的教学过程,还对教师的职业发展产生深远影响,教师希望通过取得优异的考核成绩,为自己的职业发展打下坚实基础,因此,他们会努力充实自己的教育教学知识,积极参与学科交流和研究活动,不断提升自己的教育教学水平。这种积极性和创新精神的培养不仅对教师个体有益,更为高校思政育人工作的质量和深度注入了源源不断的活力。此外,教师考核机制的激励效应还有助于培养教师的责任感。在思政育人工作中,教师肩负着引导学生正确的价值观和人生观的重要任务,通过考核机制,高校将优秀的思政育人工作者塑造成为学校的楷模,传递出对于教师在培养学生积极向上品质方面的高度期望,这种期望不仅是对个体教师的激励,更是对整个教师队伍在育人领域的责任的强调。

教师考核机制在高校"大思政"育人体系中的建立和完善,强化了高校对教学质量的关注,促进了思政育人工作的精细化和全面提升。目前很多高校过度强调教师的科研水平,而忽视了对自身教学能力的提升,然而高校不仅仅是传递知识的地方,更是塑造学生的精神面貌和价值观的场所,因此教学质量的提升至关重要。通过将思政育人工作纳入教师的考核体系,高校在评价教师工作表现时,必然会将思政育人工作的效果和学生反馈纳入考虑,这种考核机制迫使教师更加关注自己的教学质量,重视学生的学习体验和成长。教师会更加关注课程设计的合理性、教学方法的多样性、教材的选择和更新,以确保思政育人工作能够在教育教学中真正落地生根。教师考核机制的建立也在一定程度上推动了教师在思政育人工作中的创新,教师为了在考核中获得更好的成绩,会积极探索新的教学方法和手段,逐步形成适合自己的思政育人工作方式,这不仅为学生提供了更多的学习选择和体验,还促进了教育教学领域的创新,推动了高校思政育人工作的不断优化。教师考核机制的强化还使高校能够更好地对思政育人工作进行监控和评估,通过定期的考核,高校可以对思政育人工作的质量和效果进行客观评价,及时发现问题和不足之处,这种评估可以帮助高校调整教师培训和发展计划,优化教育教学资源配置,进一步提升思政育人工作的质量和水平。

教师考核机制在高校"大思政"育人体系中的完善,不仅仅关注教师的教学水平,更推动了教师在思政育人领域的专业知识和素养的提升,高校思政育人不仅要传递正确的价值观,还需要深入理解和把握当今社会、国家和国际形势,不断拓展自己的跨学科知识,以更好地引导学生。教师在思政育人工作中,需要具备较高的政治理论水平,理解党的指导思想和国家政策,以及马克思主义等相关理论,教师考核机制可以通过对这些理论知识的考核,促使教师不断深化对这些理论的理解和掌握,从而更好地在教学中传递给学生，引导学生树立正确的世界观和价值观。此外，教师考核机制还可以鼓励教师拓展自己的跨学科知识，思政育人工作需要紧密结合当今社会、科技、文化等领域的最新发展，才能更好地引导学生认识世界。教师为了在考核中表现出色，会积极主动地学习与思政育人领域相关的跨学科知识，将多元的知识视角融入教学中，使思政育人工作更具有深度和广度。教师考核机制还能够鼓励教师提升自己的综合素养，在思政育人工作中，教师不仅仅是知识的传递者，更是学生的榜样和引路人，优秀的教师应该具备高尚的道德情操、宽广的人文视野和高尚的个人品质，通过设置考核项目，如教师的社会影响力、道德操守等，高校能够引导教师更加注重自身的道德修养和个人素质的提升。教师考核机制在高校"大思政"育人体系中的完善，促使高校更加重视教师队伍的建设和成长，从而为思政育人工作提供强有力的支持和保障，教师队伍的素质和水平直接关系到思政育人工作的质量和效果，因此，通过考核机制来推动教师队伍的成长具有重要意义。教师考核机制不仅要求教师在教学水平上不断提升，还鼓励教师在思政育人领域的研究和实践，高校可以通过设定科研项目、教学案例分析等考核项目，引导教师在思政育人领域深入研究，不断提升自己的专业素养和能力。这种研究和实践的积极性不仅能够为学校的思政育人工作注入新的活力，还能够为教师个人的职业发展提供更多机会和可能。教师考核机制的建立还可以推动高校加强对教师的培训和发展，通过考核中发现的问题和不足，高校可以有针对性地安排培训计划，帮助教师提升思政育人工作中的知识和技能。这种培训不仅可以填补教师在思政育人领域的知识短板，还能够引导教师关注当前社会热点和问题，更好地引导学生思考和讨论。在考核的过程中，教师会相互交流和分享在思政育人工作中的经验和心得，从而形成共同进步的氛围。这种学习型的团队将会不断汲取新知识、积累新经验，使思政育人工作在整个教师队伍中不断迭代和创新。最终，教师考核机制的建立和完善使高校教师队伍的建设和成长得到更加系统和有序的引导，通过推动教师在思政育人领域的研究和实践、强化培训和发展、构建学习型团队，高校能够不断提升教师队伍的整体素质和水平，为思政育人工作的深入开展提供有力支撑，也为培养具有高度思想政治素质的杰出人才奠定坚实基础。总之，教师考核机制的完善在高校"大思政"育人体系中不仅仅是一种评价手段，更是一种推动力量，通过激发教师在思政育人领域的创新和探索，完善教育教学资源，加强研究与实践，高校能够持续推动思政育人体系的不断创新和发展，为培养更多具有优秀品德和高度思想政治素质的社会主义建设者和接班人作出更大贡献。

（三）完善评价机制

在高校"大思政"育人体系的实践中，完善教师评价机制具有深远意义，这一机制的建立不仅是对教师工作的一种检验，更是对思政育人使命的高度认可，评价机制将育人工作作为核心价值强调，彰显了高校对塑造德智体美劳全面发展的社会主义建设者和接班人的坚定承诺。它鼓励教师在知识传递之外，更注重培养学生正确的人生观、价值观和社会责任感，这不仅有助于学生成长为有道德情操和创新能力的青年人才，也对高校的社会影响力和可持续发展产生着积极的影响。在评价体系的制定中，应明确育人目标，将思政育人的具体指标和标准纳入其中，这些指标可以涵盖教师在传递正面价值观、引导学生参与公益活动、培养社会责任感等方面的工作表现，通过设定育人目标，评价机制能够引导教师在课堂内外积极参与学生的综合素质培养，实现知行合一的教育理念。此外，教师评价机制的强调育人导向，也促使高校将育人工作纳入教育教学的全过程，不仅在正式的课堂上，教师都应将育人理念贯穿到教育教学的方方面面，让学生在各个环节感受到育人的影响，通过评价机制的引导，高校教师将更加关注学生的个性差异，关心他们的成长过程，为他们的综合素质提供全方位的培养。这一机制的建立不仅是对教师个体付出的认可，更是对思政育人使命的坚定支持。通过将思政育人工作纳入评价体系，高校向教师传递了一条明确的信息，高质量的育人工作是受到赞赏和鼓励的,这激发了教师在育人领域更深层次投入的动力。评价机制通过对教师育人工作的考核,给予有优秀育人成绩的教师以名誉和荣誉,甚至是一定的奖励,从而激发教师在思政育人领域的积极性。教师为了获得更好的评价成绩,会更加主动地参与思政育人活动,不仅在教学过程中传递正确的价值观,还会积极引导学生参与社会实践、公益活动,培养学生的社会责任感和创新意识。完善教师评价机制在高校"大思政"育人体系的实践中通过激励教师投入,不仅在教师个体层面提供认可和鼓励,更在教师集体层面推动思政育人工作的积极开展,这种激励机制通过名誉、奖励和职业发展的影响,引发教师在思政育人领域更高强度的付出,为学生成长成杰出社会主义建设者和接班人提供强有力的支持。

在高校"大思政"育人体系的实践中,完善教师评价机制在推动教学创新方面发挥着重要作用,这一机制的建立不仅是对教师工作的一种检验,更是对教学方法和手段的鼓励,激励教师在思政育人工作中不断探索创新,为学生成长提供更有价值的教育体验。评价机制将教学创新纳入考核体系,迫使教师在思政育人领域寻求新的教学方式,为了提升评价成绩,教师积极尝试多样化的教育方法,例如案例分析、讨论课、项目设计等,以满足学生的多元需求和不同学习风格。这种创新不仅拓展了教师的教学能力,也使得思政育人工作更具吸引力和实效性。此外,评价机制对教学创新的推动也催生了教师之间的交流和合作,教师为了获取更好的评价,会积极分享自己在思政育人工作中的创新经验,从而形成一个有益的交流平台。这种合作不仅促进教师之间的共同进步,还加强整个团队在思政育人领域的协同力量,使教学创新在更大范围内得以传播和应用。这一机制的建立不仅是对教师工作的一种反馈,更是对教师专业成长的有力推动。通过对教师育人工作的评价,促使教师反思个人的专业素养和道德品质,从而进一步提升自身的教育教学水平。高校建立评价机制要强调育人导向,鼓励教师在思政育人领域不断提升自身的素质,教师在育人工作中不仅要具备扎实的学科知识,还需要具备高尚的道德情操和丰富的人生阅历，与此同时，评价机制也会推动教师积极参与专业培训和学术研究，不断提升自己的教育教学水平。教师为了在评价中表现出色，会更加关注教育教学的最新发展，积极参与学科交流和学术研究，从而提高自身的专业素质和教育教学水平。教师会通过教学反思、同行评议等方式，不断总结经验，发现问题，并努力改进自己的育人方法和策略，这种反思不仅有助于教师个体的成长，也使整个思政育人体系更加成熟和优秀。

在高校"大思政"育人体系的实践中，完善教师评价机制在加强对学生的关注方面发挥着重要作用，这一机制的建立不仅是对教师工作的一种反馈，更是对学生个体发展的重视，鼓励教师更加关注学生的学习、成长和发展。评价机制的存在鼓励教师更多地与学生互动，关心他们的学习情况和个人发展，教师倾听学生的声音，理解他们的学习需求和挑战。这种关注使得教师能够更准确地把握学生的学习状态，为他们提供更有针对性的指导和支持。此外，评价机制的推动也鼓励教师更多地关注学生的全面成长，教师在育人工作中不仅注重学生的学术表现，还关注他们的思想情感、道德素养、实践能力等方面的发展。教师会积极引导学生参与社会实践、公益活动等，培养他们的社会责任感和创新意识，使他们成为具有全面素质的青年人才。评价机制的建立还推动教师更多地提供个性化的指导和支持。教师会根据学生的差异性和特点，制订个性化的发展计划，帮助他们克服困难，实现自身的成长目标。这种关注不仅有助于学生的个体发展，也促使学生感受到教师的关心和支持。在高校"大思政"育人体系的实践中，完善教师评价机制在建立持续改进机制方面发挥着重要作用，这一机制的建立不仅是对教师工作的一种反馈，更是对体系本身的不断优化和发展，促使高校的育人工作能够持续改进和创新。评价机制通过对教师育人工作的考核，反映了思政育人工作的优点和不足，教师通过评价结果能够深入了解自己在育人方面的表现，从而有针对性地进行调整和改进，根据评价结果进行反思，找出自己在育人工作中存在的问题,进一步提升自身的育人能力和水平。此外,评价机制还鼓励高校建立反馈机制,让学生和社会各界对教师的育人工作提出意见和建议,通过听取不同声音,高校可以更全面地了解教师育人工作的实际效果和影响,从而有针对性地进行改进。教师评价制度可以让学生参与对教师的评价,保障学生的知情权和参与权,提高教学质量的透明度和公正性,保障学生的合法权益。同时,可以鼓励教师开展教学改革和创新实践,提倡教学方法的多样化和教学内容的更新,推动教学工作的不断发展和创新。通过评价和反馈,教师能够深入了解自己的优势和不足,进行有针对性的调整和提升,反馈机制和创新探索也使得育人工作更加贴近实际需求,不断适应社会的发展和变化。评价机制通过持续改进的机制,使高校的育人体系能够与时俱进,为培养有道德情操和创新能力的社会主义建设者和接班人提供更优质的教育环境和支持。

第五节 强化监督:压实高校思政工作责任

高校思想政治工作的监督是确保教育目标达成、保障教育质量、促进教育改革的重要手段,从完善高校思想政治工作监督的责任体系、运行体系和评价体系三个方面来看,对强化监督有着积极的作用,进一步压实高校思政工作责任。建立明确的高校思政工作责任体系,使各级领导、各相关部门、各参与者都清晰了解自己在思政工作中的职责和义务,责任体系的完善能够推动领导层更加注重思政工作,从而形成高层对思政工作的正确引领。领导层对思政工作的重视将传导到各个层面,确保思政工作责任的层层传导和全员参与,实现责任的有序落实。高校思想政治工作的监督不仅仅是一种静态的制度安排,更需要一个动态的运行体系,完善运行体系,确保监督工作的持续有效,建立定期的工作报告、反馈机制,能够让各级领导及时了解思政工作的进展和问题，及时调整工作策略和方向。同时，为监督工作提供足够的资源和支持，确保监督的顺畅进行。高校思想政治工作的监督需要有科学合理的评价体系，建立多元化的评价指标和方法，能够更客观地评估思政工作的质量和效果，通过定期的综合评价，能够发现工作中的问题和不足，及时采取措施进行改进。同时，评价体系也可以激励各层次的教师积极参与思政工作，提升教育质量和效果。综合来看，完善高校思政工作监督的责任体系、运行体系和评价体系，有助于强化监督，更好地压实高校思政工作责任，这种监督体系的建立不仅能够确保思政工作的有效开展，更能够提升教育质量，为高校"大思政"育人体系的成功实施提供有力支持和保障。

一、完善高校思想政治工作监督的责任体系

在高校"大思政"育人体系的实践中，完善高校思想政治工作监督的责任体系不仅仅是一种管理模式，更是一种推动育人工作不断深化和完善的战略举措。首先，明确职责分工是责任体系的核心特点之一，它不仅使高校的思政育人工作更加有序，还为各级领导、教师和相关部门提供了明确的指导，使他们能够更好地理解自己在育人过程中的具体职责，这种明确性消除了工作中可能产生的角色冲突和责任模糊，有助于形成一个高效的协作网络，从而更好地推动思政育人工作向前发展。其次，责任体系促进了全员参与的育人氛围的构建，传统上，思政育人被局限在教师和专门的育人部门中，但在完善的体系下，每个成员都被鼓励积极参与其中，教师不再是单纯的课堂讲解者，而是积极引导学生思考、讨论，传递价值观和人生智慧；学生也不再是被动接受者，而是可以参与共建育人环境的主体，这种全员参与的氛围有助于激发创新思维、培养团队协作精神，使育人成为全校范围内的共同责任。责任体系不仅仅强调监督，更注重推动工作的持续改进，通过监督和评估机制，高校能够不断收集来自各方面的反馈信息，了解思政育人工

作的实际效果，及时发现问题和不足，进而加以改进。这种持续的自我反思和调整能力，使得思政育人工作能够与时俱进，更好地满足学生多样化的需求，实现育人目标的不断提升。此外，责任体系强化了工作的透明度，通过明确的职责分工，外界可以更清晰地了解每个成员在思政育人中的具体职责和贡献，这种透明度有助于提高外界对高校育人工作的信任度，增强社会的认可度，为高校树立良好的社会形象，进一步促进高校与社会的良性互动。完善高校思想政治工作监督的责任体系在高校"大思政"育人体系的实践中，通过明确职责、促进全员参与、推动工作持续改进、增强工作透明度等方面的作用，构建了一个全员共同育人的合力机制，不仅促进了高校思政育人工作的深入开展，也为培养更具社会责任感和创新能力的优秀人才提供了坚实保障，进一步推动了高校育人工作的质量和水平提升。在高校"大思政"育人体系的实践中，完善高校思想政治工作监督的责任体系所强调的持续改进，不仅是一种反思的态度，更是一种持续创新的精神。这种精神体现在多个层面，从育人内容、方法、手段等方面都得到了积极践行和发展。在育人内容方面，责任体系推动高校不断拓展育人的内涵，将传统的思政课程延伸为更加立体、丰富的思政育人体系，除了传授基本的政治理论，高校还注重将社会热点、前沿科技、人文艺术等内容融入育人中，使学生能够获得更广泛的知识视野，培养更全面的综合素养。在这种持续改进的精神下，高校思想政治工作也在追求个性化育人方面迈出了重要一步。学生被鼓励发展自己的特长和兴趣，形成独特的人格魅力，高校为此提供了广泛的舞台，鼓励学生参与社团、组织活动、开展志愿服务等，培养他们的领导能力、团队协作能力和社会责任感。

在高校"大思政"育人体系的实践中，完善高校思想政治工作监督的责任体系的强调工作透明度和问责机制的建立，不仅增强了工作的规范性，更提升了高校思政育人工作的质量和社会认可度，通过透明的工作过程和有效的问责机制，高校思政育人工作实现了对内对外的双重监督，为育人工作提供了坚实的制度基础。首先，透明的工作过程使外界更好地了解高校的思政育人工作，责任体系要求高校将思政育人工作的计划、进展、成果等信息进行公开，确保外界能够及时了解工作的进展情况，这种透明性有助于建立起高校与社会之间的信任关系，外界能够客观地评价工作的质量和成效。同时，透明的工作过程也使学生、教师等内部成员更加清楚地了解工作的方向和目标，促使他们更加主动地参与其中，形成共同推动育人工作的合力。有效的问责机制也保障了高校思政育人工作的严谨性和高质量，责任体系的建立使得对工作的监督和评估不再是一种形式主义，而是一种有力的行动，对于工作中出现的问题和不足，相关责任人将被追究责任，从而形成了一种有效的内部约束机制。这种问责机制的存在，推动了思政育人工作更加严格的自律，也为育人工作的提升提供了有力的动力。此外，问责机制也促使高校思政育人工作不断追求卓越，在问责机制的约束下，高校不仅关注问题的处理，更注重问题的预防，为了避免类似问题的再次发生，高校会从根本上检查工作的设计、实施和评估等各个环节，不断优化工作流程，提升工作的质量和效率。这种持续改进的态度，使高校思政育人工作能够不断保持活力和创新性，与时俱进。高校思想政治工作监督的责任体系通过强调工作的透明度和建立问责机制，实现了内外双重监督，为高校思政育人工作的规范性、质量和效果提供了有力支持，透明的工作过程增强了与社会的互信，有效的问责机制促使工作更加严格自律，同时也推动了高校不断追求卓越，实现了思政育人工作的全面提升。

二、完善高校思想政治工作监督的运行体系

（一）明确组织结构与职责分工

运行体系的建立为高校思想政治工作监督提供了清晰的组织结构和明确

的职责分工，在一个复杂的高校体系中，涉及多个部门、学院以及不同层级的管理人员，思想政治工作监督的组织可能会变得错综复杂，而通过运行体系的设立，监督的责任分工得以明确，监督工作的主管部门和协调机构得以建立，使得整个监督体系变得有序且高效，不同部门和人员可以根据运行体系的指引，明确各自的职责，避免了监督责任的模糊和监督活动的冲突。此外，运行体系的明确职责分工也有助于提高监督的专业性和针对性，不同的部门和人员在思想政治工作的不同方面可能拥有不同的专业知识和经验，通过合理分配任务，运行体系可以确保专业人员参与到相应的监督环节中，从而保障监督的质量和效果。例如，教务处可以对课程设置和教学质量进行监督，学生工作部门可以对学生活动开展进行监督，从而确保监督工作更具有针对性和专业性。运行体系的建立还有助于明确各级领导的监督责任，高校中存在多个层级的领导，每个层级都应当承担一定的监督责任。通过运行体系，可以明确各级领导的监督职责，确保监督不仅仅停留在底层，也得到高层领导的关注和参与，这有助于形成上下贯通、全面覆盖的监督网络，使思想政治工作的监督更具有全局性和协调性。完善高校思想政治工作监督的运行体系不仅在组织结构和职责分工方面发挥着重要作用，更为高校思想政治工作的监督提供了清晰的指引和有效的保障，通过明确责任分工，提高监督的专业性和针对性，以及强化各级领导的监督责任，运行体系确保了监督工作在复杂的高校体系中能够有序展开，为思想政治工作的有效推进提供了有力支持。

（二）确保制度执行的稳定性

运行体系的建立在确保高校思想政治工作监督的制度执行稳定性方面扮演着关键角色。在高校这样一个人员流动频繁的环境中，不同领导层级的变动可能会对监督工作产生不利影响，而运行体系的存在能够稳定监督的执行，确保制度不因个别人员的变动而产生中断或扭曲。首先，运行体系通过明确的运行流程和标准,为监督工作提供了稳定的框架,这使得即使在领导层级变动时,监督工作不会受到较大影响,仍然能够在预定的流程中进行,监督人员可以根据运行体系的指引,继续开展监督活动,确保制度执行的连贯性和稳定性。运行体系通过设立反馈机制,使监督结果得以及时反映并作为制度改进的依据,在实际监督过程中,可能会出现一些问题和不足,这些问题如果得不到及时的反馈和解决会导致监督工作的执行中断,通过运行体系设立定期的反馈和改进机制,监督结果可以被及时汇总、分析和评估,从而为制度的改进提供科学的依据,保障了制度的稳定性和持续性。此外,运行体系的存在也为监督工作提供了一种持续性的纽带,即使在不同任期的领导层级变动中,运行体系作为一个不变的框架存在,使得监督工作的流程和标准在各个领导层级之间保持一致。这有助于避免因为领导变动而导致的监督工作的重复、混乱以及制度执行的不稳定情况。通过明确的运行流程、设立反馈机制以及提供持续性的纽带,运行体系确保了制度在领导层级变动中能够稳定执行,保障了思想政治工作的监督工作在高校"大思政"育人体系中的连续性和稳定性。

(三)提升监督的科学性和有效性

运行体系的建立在提升高校思想政治工作监督的科学性和有效性方面具有显著影响。通过制定明确的监督指标、评价标准和流程,运行体系可以使监督工作更具有科学性,确保监督不仅仅停留在表面,更注重实际效果,运行体系明确了监督工作的关键指标和标准,这些指标和标准可以基于国家政策、学校定位和学生需求等多方面因素进行制定,通过科学的指标体系,监督者可以有针对性地对思想政治工作进行监督,避免主观意见干扰,确保监督的客观性和公正性。运行体系通过规范的流程和程序,确保监督工作的全面展开,监督工作涉及多个环节,包括课程设置、教材使用、学生活动开展等等,通过制定详细的流程和程序,运行体系可以确保每一个环节都得到妥善关注,避免遗漏或疏忽，从而提高监督的全面性和系统性。此外，运行体系还可以提高监督工作的效能，通过设立明确的时间节点和监督频率，运行体系可以确保监督工作按时进行，不拖延和推诿，监督的目标、内容和方法也可以在运行体系中得到规范，使监督工作更具有针对性和有效性，从而提高了监督工作的效率和成效。运行体系可以使监督工作更具有科学性、全面性和针对性，从而确保思想政治工作的监督不仅仅是形式上的，更是注重实际效果的。

（四）促进信息共享和协同合作

高校内部涉及各个部门、学院以及不同层级的管理人员，思想政治工作的监督需要多方的协同合作和信息共享，以确保工作的全面性和高效性。首先，运行体系通过设立信息共享机制，使得监督相关的信息能够迅速流通，不同部门和层级之间可能会涉及不同方面的监督内容，例如课程设置、学生活动、思想教育等。通过运行体系，可以设立定期的信息汇报和分享会议，使得各个部门之间可以及时共享监督相关的信息，避免出现信息孤岛和信息不畅的情况。其次，运行体系通过协同合作机制，促使各个部门之间开展协同的监督工作，思想政治工作涵盖多个领域，不同部门之间可能会涉及交叉的监督内容，通过设立协同合作机制，运行体系可以促使各个部门之间进行有效的协作，避免监督工作的重复和交叉，使监督工作更加高效和有针对性。此外，运行体系还可以促进跨部门的沟通和互动，高校内部不同部门的监督工作可能会存在一定的重叠和关联，通过设立运行体系，可以引导不同部门之间开展沟通和互动，共同探讨监督工作中的难题和挑战，寻求合作解决方案，从而促进了思想政治工作的监督工作更加整合和协调。通过设立信息共享机制、协同合作机制以及跨部门的沟通和互动，运行体系可以使思想政治工作的监督更加协调、高效和有力，确保各个部门的监督工作得到有效整合，为高校"大思政"育人体系的实践提供有力支持。

（五）加强监督的灵活性和适应性

在不同的时期和环境下，思想政治工作的特点和重点可能会发生变化，需要一个灵活的监督体系来适应这些变化。运行体系可以通过灵活的制度安排来应对变化。随着社会环境和学校发展的变化，思想政治工作可能会面临不同的挑战和需求，通过设立运行体系，可以在原有的监督框架下灵活调整监督的内容和重点，使监督能够更好地适应不同时期的变化。运行体系可以通过调整监督方法和手段来提高适应性。随着信息技术的不断发展，监督方法也在不断更新和演变，高校可以引导监督者采用更加先进的技术手段，如数据分析、人工智能等，来提高监督的效率和准确性，更好地适应时代的发展。此外，运行体系的设立还可以鼓励监督者不断反思和改进。在实际监督工作中，难免会遇到一些问题和挑战，运行体系可以设立反馈和改进机制，鼓励监督者及时总结经验教训，寻求创新和改进的方式，从而不断提高监督工作的适应性和针对性。综上所述，完善高校思想政治工作监督的运行体系在加强监督的灵活性和适应性方面具有重要作用。通过灵活的制度安排、先进的监督方法和持续的改进机制，运行体系可以使监督工作更加灵活、有针对性和适应性，确保高校思想政治工作在不同的时期和环境下都能够得到有效的监督和指导。

（六）强化监督结果的反馈与改进

运行体系的建立在强化高校思想政治工作监督结果的反馈与改进方面扮演着关键角色，监督工作的最终目标是提升思想政治工作的质量和效果，而通过运行体系，可以更好地实现监督结果的及时反馈和相应改进。高校设立明确的反馈机制，将监督结果及时传达给相关部门和人员，监督的结果和发现，如果不能及时传达给相关人员，可能会导致问题得不到及时解决，影响思想政治工作的改进。通过设立反馈机制，可以确保监督结果能够及时、准确地被传达，使相关部门和人员了解问题所在，从而采取相应的措施加以改进。良好的运行体系可以为改进提供科学依据，监督结果的反馈可以作为改进的依据，但改进措施应当基于科学的数据和分析，运行体系可以引导监督者采集充分的数据和信息，进行综合分析和评估，从而得出科学的结论，为改进提供科学依据，避免主观臆断和盲目行动。与此同时，运行体系还可以通过设立改进措施的评估机制，监督改进的实施情况，改进措施的实施需要一定的时间和过程，而运行体系可以通过设立评估机制，监督改进措施的实施进度和效果，如果发现改进措施没有取得预期的效果，可以及时调整和优化，确保改进工作的有效性，从而为高校思想政治工作的不断提升提供持续动力和保障。

三、完善高校思想政治工作监督的评价体系

（一）提供定量和定性的监督成效评估

评价体系在高校思想政治工作监督中的作用不仅体现在对监督成效的评估上，更在于能够提供全面的、定量和定性相结合的评价方式，从而更准确地衡量和反映监督工作的质量与效果。定量指标可以衡量思想政治工作监督的数量和规模，例如，可以考察监督活动的次数、参与人数、覆盖范围等，这些指标反映了监督工作的广泛程度和活跃度，从而为高校提供了一个快速了解监督工作展开情况的途径。此外，定量指标还有助于与历史数据进行比较，发现监督活动的增长趋势，评估工作的发展动态。定性评估更侧重于思想政治工作监督的质量和效果。它可以关注参与者的反馈、成员的参与情况、课程的实际效果等，定性评估关注问题的本质，可以揭示出活动中存在的深层次问题和改进的空间，为高校提供更加细致入微的改进建议。评价体系将定量和定性相结合，可以通过综合分析得出更全面准确的结论，单一的定量

数据可能不能完全反映实际情况,同样,定性评估可能因主观性而受到影响。而综合分析可以消除单一评估方法的局限性,得出更加客观全面的结果,有助于深入理解监督工作的全貌。定量和定性评价的结合为改进提供了科学依据,通过定量数据,可以发现问题的普遍性和集中性;而定性评估则能够揭示问题的具体原因和背后的根本因素。综合分析之后,高校可以有针对性地制定改进策略,使监督工作更加精准和高效。定量和定性评价结果可以为高校决策提供支持,无论是制定新的监督策略,还是调整已有的工作重点,都需要有基于数据和分析的决策。评价体系提供了这些数据和分析,可以为高校领导层制定决策提供可靠的依据。评价体系在高校思想政治工作监督中的定量和定性评估作用巨大,通过综合运用定量和定性方法,可以全面客观地评价监督成效,为高校提供科学、有针对性的改进方向,进一步提升思想政治工作的质量和效果。

(二)鼓励自我反思和持续改进

评价体系在高校思想政治工作监督中的作用不仅在于评估监督工作的质量,更在于激励高校进行自我反思和持续改进,评价体系通过定性评估的方式,让高校能够深入了解自身的优势和不足,这种自我认知的过程促使高校审视自己在思想政治工作监督方面的表现,意识到问题的存在和改进的需求。评价体系的定性评估可以揭示出潜在的问题和挑战,这些问题可能是监督者没有察觉到的,但通过评价体系可以让这些问题浮出水面,这种激发问题意识的方式有助于高校更全面地认识工作中的难题,有助于为改进寻找突破口。通过持续地自我反思和调整,高校可以将改进作为常态,使每个成员都参与其中,形成全员共同努力的氛围,从而提升工作的质量和效果。自我反思和改进过程促进了知识和经验的分享,在评价的过程中,不同部门和个人可以分享各自的经验、成功案例和教训,从而促进了跨部门和跨团队之间的学习和交流,为改进提供了丰富的素材。当高校意识到其工作会受到外部评价时,会更加注重工作的公开和透明，以避免批评和质疑，这有助于消除信息不对称，提高工作的透明度和公正性。评价体系将自我反思和持续改进视为一种常态，不再满足于过去的成绩，而是通过反思和改进不断进步，这种倡导持续改进的文化能够推动高校思想政治工作在不断变化的环境中保持活力和创新。评价体系在高校思想政治工作监督中的鼓励自我反思和持续改进的作用不容忽视，通过提升自我认知、激发问题意识、建立改进文化、促进知识分享和增强工作透明度，评价体系使高校能够从内部不断推动工作的优化和提升，确保思想政治工作始终保持活力和有效性。

（三）强化监督者的责任感和积极性

评价体系在高校思想政治工作监督中的作用不仅在于监督工作的定性和定量评估，更在于通过强化监督者的责任感和积极性，推动他们更加投入和积极地履行监督职责。评价体系能够为监督者明确任务目标，使他们了解自己的职责和工作重点，明确的任务目标有助于监督者明确自己的工作方向，从而更有动力地投入监督工作中，确保工作的有效实施。高校可以通过评价结果的反馈，激发监督者的工作动力，当监督者看到自己的工作得到了认可，问题得到了解决，他们会更有成就感和满足感，进而更加积极地履行监督职责。监督者对于自己工作的认可和尊重感非常重要，评价体系可以将监督工作纳入一套明确的评价标准中，使监督工作成为一种受到专业认可的工作，这种认可感可以提升监督者对于工作的自信，使他们更加投入和积极。评价体系可以将监督责任形成一条链条，从高层管理人员到基层监督人员。高层的认可和鼓励会传导到各级监督者，形成一种责任共担的氛围，这有助于推动监督工作的全员参与和持续发展。通过明确任务目标、激发工作动力、建立专业认可感、激发创新精神、提升工作满意度和形成监督责任链，评价体系可以使监督者更加投入、积极地履行监督职责，从而提升思想政治工作的质量和效果。

（四）提供持续改进的方向

评价体系在高校思想政治工作监督中的作用不仅在于定性和定量评估，更在于通过评价结果提供持续改进的方向，引导高校进行有针对性的调整和优化。评价体系可以帮助高校准确地定位问题所在，通过监督工作的评价，可以发现问题的具体表现和原因，避免了主观猜测和臆断，这使高校能够针对性地制定改进策略，提高改进的效果。其可以为高校提供指导，告诉他们应该采取何种改进措施来更好地解决问题，评价结果可以揭示出问题的根本原因，从而为改进提供科学的依据。高校可以根据评价结果制定出具体的改进措施，使工作朝着更好的方向发展。一个好的评价体系可以量化改进的进程，使改进不再模糊不清，通过设定改进目标和指标，高校可以衡量改进的进程和效果。这有助于监督者更好地了解改进的状态，调整策略，使改进目标逐步实现。评价结果可以揭示出资源利用不足的问题，为高校提供合理的资源调配建议，这有助于避免资源浪费，将资源集中到对思想政治工作改进最有益的地方。改进工作需要不断调整和优化，而评价结果可以告诉高校哪些措施取得了实质性的改进，哪些仍然需要进一步优化，这种反馈可以帮助高校作出更加明智的决策，提高改进的效果。通过准确定位问题、指导改进措施、量化改进进程、优化资源分配、持续更新改进策略和反馈改进效果等多重手段，评价体系可以使高校不断地调整和优化工作，确保思想政治工作的持续发展和提升。

（五）提高社会的信任度和认可度

评价体系在高校思想政治工作监督中的作用不仅在于指导高校内部的改进，更在于通过提高社会的信任度和认可度，增强外界对高校工作的信心。评价体系鼓励高校将工作过程透明公开，使外界能够了解思想政治工作的具体做法和成果，透明公开的工作过程可以消除信息不对称，减少外界对高校工作的猜测和质疑，从而提升社会的信任度。评价体系引入科学客观的评价标准，使评价结果更加公正和可信，外界对高校思想政治工作的评价将更加依赖于数据和事实，而不是主观臆断，这种客观性有助于提升外界对高校工作的认可度。有了定量和定性的评价数据支持，高校能够向外界展示工作的成绩和改进的成果，从而增强外界对工作的认可。评价体系帮助高校树立更好的社会形象，通过不断的改进和优化，高校能够在外界树立起负责任、积极进取的形象，这种积极形象能够赢得社会的尊重和认可，提升高校的信誉。通过外界的参与和意见反馈，高校能够更好地调整工作策略，从而增加社会的信任度和认可度，与社会的互动可以使高校工作更贴近社会需求，获得更广泛的支持。评价体系在高校思想政治工作监督中的提高社会信任度和认可度的作用是显著的，通过透明公开、科学客观的评价、证明工作效果、树立积极形象、回应社会关切和增强社会互动，评价体系能够为高校赢得外界的信任和认可，使高校工作在社会中获得更广泛的支持和认同。

第六节　整合资源：打造家庭社会共同参与的"三全育人"共同体

在高校"大思政"育人体系的实践中，引导家庭形成符合我国意识形态的价值取向以及整合社会多方资源，构建育人大环境，集合成为一个全面而强大的战略，以打造家庭社会共同参与的"三全育人"共同体，从而创造出深远的影响，这个共同体的建设在整合资源方面发挥了重要作用，引导家庭形成符合我国意识形态的价值取向，实际上将家庭教育与学校思想政治教育有机结合，家庭是学生最早接触社会的地方，通过引导家庭教育走向与国家核心价值观一致的方向，可以形成学校和家庭之间的育人合力。家庭的教育观念和价值取向与学校思政工作相互契合，不仅能够强化学生的道德观念和责任感，还能够在家庭中形成持久的教育影响，使学生更好地将所学的思想政治理论付诸实践。其次，整合社会多方资源，构建育人大环境，为"三全育人"共同体提供了丰富的支持，社会资源的整合，包括各领域专业人士、社会组织、企业机构等，为学生提供了丰富的学习机会和实践平台，通过社会资源的融合，学生能够更好地理解和体验国家核心价值观的实际内涵，形成正确的世界观和人生观，同时，社会资源的整合也丰富了思政教育的形式和内容，使之更加具有针对性和吸引力，从而更好地满足学生多样化的需求。通过打造家庭社会共同参与的"三全育人"共同体，高校"大思政"育人体系的实践得以协同发展，形成整体合力，这种共同体不仅促使家庭教育与学校教育的有机融合，也使社会资源与学校资源相互融通。共同体的形成使家庭、学校和社会成为育人的紧密网络，为学生提供了多维度的成长环境。家庭和社会的参与，丰富了思想政治教育的内涵，使之更加贴近学生的实际需求，更加有力地促进了学生的全面素质提升。

一、引导家庭形成符合我国意识形态的价值取向

引导家庭形成符合我国意识形态的价值取向，在高校"大思政"育人体系的实践中，展现了深远的作用，这一举措不仅是思想政治教育的有机延伸，更是构筑学生全面成长的坚实基石。家庭作为学生成长的最初环境，承载了孩子最初的认知、情感和价值观，引导家庭形成符合我国意识形态的价值取向，实际上是在家庭中播下正确价值种子，为学生的思想政治教育提供了重要支撑。首先，家庭的教育影响是持久的，引导家庭形成符合我国意识形态的价值取向，使家庭成为培养学生道德品质和社会责任感的重要场所，家庭的教育观念和价值取向会在孩子的成长过程中逐渐根植，并在他们的人生轨迹上持续发挥作用，因此，家庭的正面影响将贯穿学生的一生，为他们的思想政治成长奠定坚实的基础。其次，家庭教育与学校教育的结合促进了学生

全面发展，学生的成长离不开家庭和学校的双重影响，而家庭的价值取向与学校的思想政治教育目标一致，能够实现更好的互补和融合，家庭教育注重情感培养、品德教育等方面，与学校的知识传授和思想引导相得益彰。这种共同努力构建了学生全面发展的育人格局。引导家庭形成符合我国意识形态的价值取向，可以在家庭中培养学生的社会责任感和公民意识，家庭是社会的基本单位，家庭成员的每一个行为都会对孩子产生深远影响。如果家庭强调社会责任、公共利益等价值，孩子将更容易理解和接受这些观念，这样，他们在成长过程中就会更积极地参与社会事务，形成为人民服务的意识。引导家庭形成符合我国意识形态的价值取向，在高校"大思政"育人体系的实践中具有深远作用，通过在家庭中播种正确的价值观念，家庭和学校的育人力量能够得到更好的协同，为学生的思想政治教育提供全方位的支持与引导，这种合作也使学生更好地适应社会需求，成为具有良好道德品质和社会责任感的新一代公民。引导家庭形成符合我国意识形态的价值取向，在高校"大思政"育人体系的实践中，不仅强化了家庭教育与学校教育的一体化，更为整体育人目标的实现提供了强有力的支撑，家庭与学校的合作共育呼应了学生成长的多元需求，引导家庭形成符合我国意识形态的价值取向，鼓励家庭与学校相互协作，实现教育资源的有机整合。家庭能够更好地了解学生的个性、需求和兴趣，而学校则拥有丰富的学科知识和教育经验，两者的合作使得学生的教育得以从不同角度的深度开展，更加全面地满足学生的多样化成长需求。家庭与学校的合作共育增强了家长的育人参与感，家庭教育在学生成长中发挥着不可替代的作用，然而，有时家长可能因为缺乏教育经验或时间而感到无所适从，因此，引导家庭形成符合我国意识形态的价值取向，使家庭与学校形成合作共育的氛围，能够让家长更有信心和动力参与到孩子的成长过程中，充分发挥家庭在育人中的积极作用。家庭与学校的合作共育有助于培养学生的自主学习能力，引导家庭形成符合我国意识形态的价值取向，可以引导家庭在教育中不仅注重知识传递，更关注培养学生的学习兴趣、学习方法和创新能力，而学校教育则在知识和技能的传授上发挥更大作用，两者的合作能够为学生创造更有利于自主学习的环境，使学生在学会合作的同时也具备了更强的独立思考和问题解决能力。引导家庭形成符合我国意识形态的价值取向，不仅使家庭教育与学校教育实现有机融合，更使家长在育人过程中更有自信，同时培养了学生的自主学习能力和综合素质，通过双方共同的努力，学生能够更好地适应未来社会的挑战，成为具有创新精神和社会责任感的新一代人才。

引导家庭形成符合我国意识形态的价值取向，在高校"大思政"育人体系的实践中，强化了家庭在思想政治教育中的主体地位，为学生的整体成长注入了深刻的影响，家庭作为学生最早的社会环境，对于塑造学生的价值观、人生观具有重要影响，因此应使家庭成为思想政治教育的重要阵地。家庭教育不仅仅是知识的传递，更是价值观的传承，通过在家庭中培养正确的道德观念和社会责任感，学生可以更好地应对各种复杂的社会情境，形成积极健康的生活态度。引导家庭形成符合我国意识形态的价值取向，使家庭成为培养学生爱国主义、集体主义等核心价值观的基地，家庭是培养学生家国情怀的温床，通过在家庭中传承爱国主义的精神，可以让学生在情感上对祖国有更深的认同和热爱，同时，强调集体主义的价值观可以培养学生的团队合作精神和社会责任感，使他们在日常生活中更加注重集体利益。家庭教育在培养学生人生观方面有着不可替代的作用，通过在家庭中传递积极的人生态度和价值观，可以引导学生树立正确的人生目标，增强他们的自信心和担当精神，使他们在未来的人生道路上更加坚定和自律。引导家庭形成符合我国意识形态的价值取向，有助于促进家庭与社会的融合。家庭与社会是密不可分的，而家庭的价值取向与社会的整体价值观相一致，有助于学生更好地融入社会，积极参与公共事务，形成更高层次的社会责任感和公民意识，这种融合为学生在未来的职业生涯和社会互动中提供了坚实的支持，引导家庭形成符合我国意识形态的价值取向，在高校"大思政"育人体系的实践中，强化了家庭在思想政治教育中的主体地位，通过在家庭中培养正确的价值观、爱国主义情感和人生观，家庭成为学生价值观形成的重要场所，为学生的全面成长注入了积极的影响力，这种家庭教育的有效整合，将为培养具有良好道德素质和社会责任感的新一代公民作出重要贡献。

引导家庭形成符合我国意识形态的价值取向，在高校"大思政"育人体系的实践中，塑造学生的家国情怀和社会责任感发挥着重要作用，这一举措不仅在家庭层面培养了学生的情感认同和社会责任，更为构建坚定的国家意识和社会意识奠定了坚实基础。引导家庭形成符合我国意识形态的价值取向，有助于在家庭教育中强调祖国的伟大、民族的光荣，以及对祖国的忠诚与热爱，通过家庭教育，学生能够在情感上建立对国家的归属感和认同感，形成深厚的家国情怀，使他们愿意为国家的繁荣稳定作出积极贡献，能够在家庭中强化社会责任感的培养。家庭是社会责任感的第一课堂，家庭成员的关心和帮助，使得学生更容易理解社会互助的重要性，通过家庭的示范和引导，学生可以从小就树立起对社会弱势群体的关心，形成关爱他人、乐于助人的良好品质，将社会责任融入日常行为中。引导家庭形成符合我国意识形态的价值取向，还能够增强学生的社会参与意识，家庭是培养社会责任感的基础，通过在家庭中鼓励学生参与公益活动、关注社会问题，可以使他们在情感上与社会紧密联系，这种社会参与意识能够引导学生从小就主动了解社会状况，认识社会问题，以更积极的态度投身到社会建设中去。引导家庭形成符合我国意识形态的价值取向，有助于培养学生的国际视野，家庭教育不仅仅是国内教育，更应该是涵盖国际视野的教育，通过在家庭中传递开放、包容的价值观，可以使学生在成长过程中形成广阔的国际视野，更好地了解和融入世界，为将来的国际交往和合作打下坚实基础。

引导家庭形成符合我国意识形态的价值取向，在高校大思政育人体系的实践中，推动家庭参与社会公益活动，具有深远的社会影响，这一举措不仅在家庭层面培养了学生的社会责任感和公民意识，更为社会的可持续发展和公益事业的推进注入了积极的动力。首先，引导家庭形成符合我国意识形态的价值取向，鼓励家庭参与社会公益活动，为学生树立了积极的行为模范，家庭是学生的第一课堂，通过家庭的引导和示范，学生能够更容易理解社会公益的重要性，家庭的参与不仅仅是为了完成某项任务，更是为了培养学生的社会责任感，让他们从小就明白个人的行为可以对社会产生积极的影响。其次，引导家庭形成符合我国意识形态的价值取向，推动家庭参与社会公益活动，有助于增强学生的团队合作意识，参与公益活动往往需要团队协作，家庭的参与可以让学生从小就体验到合作的重要性，这种团队合作意识将有助于学生更好地在学校和社会中与他人合作，形成协调的团队精神。再次，引导家庭形成符合我国意识形态的价值取向，能够加强家庭与社会的互动与联系，家庭参与社会公益活动，可以让家庭成员更多地了解社会问题和需求，从而更好地融入社会，这种互动能够丰富家庭成员的社会阅历，促进家庭成员之间的沟通和交流，增强家庭的凝聚力和向心力。最后，引导家庭形成符合我国意识形态的价值取向，有助于培养学生的公共意识，社会公益活动通常是为了满足社会的公共需求，培养学生的公共意识也是其中的重要目标，家庭的参与可以让学生从小就了解到社会的公共问题和需要，激发他们为社会作贡献的意愿，形成积极的公共意识。引导家庭形成符合我国意识形态的价值取向，在高校大思政育人体系的实践中，促进家庭和社会共同参与育人，构建"三全育人"共同体，对于学生的综合素质培养和社会责任感的塑造具有重要的意义，这一举措不仅加强了家庭与社会的联系，更为学生的全面发展和社会和谐建设提供了坚实的支持。引导家庭形成符合我国意识形态的价值取向，鼓励家庭和社会共同参与育人，有助于构建"三全育人"共同体。"三全育人"即全面培养学生的思想道德素质、科学文化素养和身心健康素质，这一育人理念强调了多方位的培养。家庭作为学生成长的第一环境，与社会共同构建起一个育人共同体，共同承担起培养学生的使命，家庭注重情感培养、品德教育，社会则提供知识、实践和经验的丰富资源，双方的合作共育使得学生得以全面发展，引导家庭形成符合我国意识形态的价值取向，有助于提升学生的社会责任感。家庭和社会共同参与育人，使学生能够更好地认识到自己作为社会一员的责任，家庭的情感教育和社会的公共事务参与相结合，培养了学生关心社会、关爱他人的意识，这种社会责任感能够使学生在面对社会问题时更加积极，为社会的进步和发展贡献自己的力量。此外，引导家庭形成符合我国意识形态的价值取向，可以加强学校与家庭、社会之间的联系，学校作为主要的教育机构，与家庭和社会的联系密切相关，通过引导家庭和社会共同参与育人，学校能够更好地了解学生的家庭和社会背景，为个性化的教育提供有力支持，同时，学校也能够将学生的教育成果与家庭和社会进行共享，实现教育资源的有机整合。综上所述，引导家庭形成符合我国意识形态的价值取向，在高校"大思政"育人体系的实践中，促进家庭和社会共同参与育人，构建"三全育人"共同体，具有重要意义，这种合作共育模式不仅强化了家庭与社会的联系，更为学生的全面发展、社会责任感的培养以及创新精神的塑造提供了有力支持，通过多方协同努力，可以使学生更好地适应社会发展的需求，成为具有高度社会责任感和创新精神的新一代人才。

二、整合社会多方资源，构建育人大环境

整合社会多方资源，构建育人大环境在高校"大思政"育人体系的实践中，具有广泛而深远的影响，尤其是通过拓展教育视野与资源丰富度，为学生提供了更加多元化和实用性的学习体验，这一举措不仅丰富了教育内容，也为学生的全面发展和未来职业发展打下了坚实基础。首先，整合社会多方资源可以引入专业领域的专家学者和实践者，为学生提供深度和广度兼备的知识体验，这些专家可以分享自己的研究成果、行业经验以及前沿动态，让学生能够更好地了解学科的发展趋势和实际应用。通过与专家的互动交流，

学生不仅可以拓展自己的学术视野，还能够深入了解不同领域的实际问题，从而更好地理解理论知识与实践应用之间的关联。整合社会多方资源还能丰富课程形式和教学方法，使思政教育更加生动有趣，传统的教学方法可能难以激发学生的兴趣和参与度，而引入社会资源，如行业案例、亲身经历的分享等，能够让学生更好地与教材内容进行关联，从而增强学习的主动性和实用性，不同的教学方法可以满足不同类型学生的需求，促进思政教育的多样化发展。此外，整合社会多方资源还能为学生提供更多的实践机会，将课堂知识与现实问题紧密结合，通过与社会组织、企业合作开展实践项目，学生能够将所学的理论知识应用到实际中去，培养解决问题的能力和创新思维，实践活动也可以使学生更好地理解社会发展的需求，为未来的职业规划提供有力支持。整合社会多方资源可以为学生提供更广泛的学科交叉和跨界融合的机会，社会资源的丰富性意味着不同学科之间的互补和交流，学生可以更自由地跨足不同领域，获取更加全面的知识，这种跨学科的融合有助于培养学生的综合素质和综合能力，使他们能够更好地适应多样化的社会需求。综上所述，整合社会多方资源，构建育人大环境在高校"大思政"育人体系的实践中，通过拓展教育视野与资源丰富度，为学生提供了更为丰富、实用和多样化的学习体验。这种多方资源的引入不仅丰富了教育内容，也为学生的全面发展、创新能力和职业规划提供了更加广阔的空间，通过与专家、实践者、社会组织等的合作，学生能够更好地认识到知识与实践的联系，为未来的发展奠定坚实基础。

整合社会多方资源，构建育人大环境在高校"大思政"育人体系的实践中，通过加强实践教育与社会融合，为学生提供了更为丰富、实际和有深度的学习体验，这一举措不仅可以提高学生的实践能力，更能够使他们更好地融入社会，成为具有社会责任感的新一代人才。加强实践教育与社会融合，能够使学生的学习更具实际意义，通过与社会实际问题的结合，学生可以更深刻地理解所学知识的应用价值，例如，引导学生参与社会调研，让他们亲身体验社会问题,从而培养他们分析问题、解决问题的能力。这种实际体验有助于弥补课堂知识与实际需求之间的鸿沟,使学生的学习更具针对性和实用性。其次,加强实践教育与社会融合,能够培养学生的社会融入感和适应能力,在社会实践中,学生不仅仅是观察者,更是参与者和实践者,他们可以与不同背景的人进行交流互动,了解多元化的社会文化,从而培养出更好的人际交往能力和适应不同环境的能力。这种社会融入感和适应能力在学生未来的职业发展和社会互动中具有重要意义。此外,加强实践教育与社会融合,能够培养学生的问题意识和创新思维,社会实践往往涉及实际问题和挑战,这会激发学生对问题的关注和思考,通过与社会组织、企业合作解决实际问题,学生能够培养出察觉问题、分析问题、解决问题的能力,从而形成批判性思维和创新意识。社会实践活动通常与社会问题和需求相关,参与其中能够让学生深刻体会社会的复杂性和多样性,这种体验有助于培养学生的社会责任感,让他们认识到作为公民的责任和义务,愿意为社会的进步和改善作出贡献。

整合社会多方资源,构建育人大环境在高校"大思政"育人体系的实践中,可以通过丰富课程形式与教学方法,为学生创造了更具活力和多样性的学习环境,这一举措不仅可以提高学生的学习兴趣和参与度,更能够激发他们的创新思维和实际能力。丰富的课程形式与教学方法,有助于激发学生的学习兴趣,传统的教学模式往往以讲授为主,容易使学生产生学习疲劳和厌倦感,而通过整合社会资源,引入行业案例、实地考察、亲身经历的分享等,可以使课堂内容更加生动有趣,激发学生的好奇心和求知欲,增强他们的学习主动性。许多社会资源具有实践性,将这些资源引入课堂,能够让学生从理论到实践进行有机转化,例如,引入企业实践案例,让学生通过实际问题的解决来应用所学知识,培养他们的问题解决能力和实际操作能力。丰富课程形式与教学方法,能够提升学生的创新思维和综合能力,社会资源的多样性意味着不同领域的交叉和碰撞,学生可以从不同领域获取知识和启发,培养出跨界思维和创新能力，比如通过引入跨学科课程或者合作项目，可以让学生从不同的角度看待问题，从而培养出更全面的综合素质。通过社会资源的整合，可以为学生提供更多的学习选择和学习资源，让他们能够自主选择适合自己的学习路径，同时，合作项目和团队活动可以培养学生的合作精神和团队合作能力，这对于今后的职业发展和社会互动非常重要。构建育人大环境在高校"大思政"育人体系实践中的重要内容，通过不同的教学方法和多样的课程形式，学生能够获得更丰富、更实际、更具创新性的学习体验。这种多样化的学习环境不仅能够提高学生的学习兴趣和实践能力，更能够培养他们的创新思维和综合能力，使他们在未来社会中更加具备竞争力和适应性。整合社会多方资源，构建育人大环境在高校"大思政"育人体系的实践中，通过培养创新思维与实践能力，为学生提供了更为广阔和有活力的发展空间，这一举措不仅可以激发学生的创新潜能，更能够使他们更好地适应快速变化的社会环境。首先，培养创新思维与实践能力，有助于激发学生的创造力和探索精神，社会资源的整合可以引入实际案例、行业前沿动态等，让学生了解创新与实践的重要性。通过参与创新竞赛、创业项目等活动，学生可以锻炼创新思维，培养解决问题的能力，为未来的创新发展打下坚实基础。其次，培养创新思维与实践能力，有助于提高学生的实际操作能力，社会资源的多样性意味着不同领域的实际操作机会，学生可以通过参与实际项目来学习具体操作技能，这种实际操作的体验能够使学生更加熟悉实际工作流程，增强他们的实际能力和职业竞争力。最后，培养创新思维与实践能力，有助于提升学生的适应性和未来发展的竞争力。社会资源的多样性使得学生能够接触不同领域的知识和经验，培养他们的跨界思维和综合能力，这种跨领域的能力对于未来社会的快速变化和多样化需求非常重要，使学生能够更好地应对挑战。培养创新思维与实践能力，是整合社会多方资源，构建育人大环境在高校"大思政"育人体系实践中的重要内容，通过实际项目的参与、创新竞赛的锻炼，学生可以培养出创新思维、实际操作能力、问题解决能力和团队合作精神，这种创新能力的培养不仅能够为学生的个人发展提供有力支持，更为他们未来的职业规划和社会发展增添了新的动力。

整合社会多方资源，构建育人大环境在高校"大思政"育人体系的实践中，通过加强社会参与责任感，为学生塑造了更为全面和有社会担当的人格，这一举措不仅可以激发学生的社会参与意识，更能够使他们更加关注社会问题并愿意承担起社会责任。首先，加强社会参与与责任感，能够唤醒学生的社会意识和公民意识，社会资源的整合使得学生能够更直接地接触到社会问题和需求，从而引发他们对社会问题的关注和思考。通过参与社会调研、社区服务等活动，学生能够更真切地了解社会的多样性和复杂性，培养出强烈的社会责任感。其次，加强社会参与与责任感，有助于培养学生的人际交往能力和合作精神，社会参与往往需要与不同背景的人进行交流和合作，这可以锻炼学生的沟通能力和合作技能，与社会组织、志愿团体合作，不仅能够为社会带来积极影响，也能够让学生从中获得人际交往的经验和合作精神的培养。通过参与社会公益活动，学生可以发挥自己的专长和能力，成为一名具有影响力的社会公民，这种领导力的培养不仅可以提升学生的自信心，更能够为他们未来的职业发展和社会互动增添优势。最后，加强社会参与与责任感，有助于提升学生的人格品质和道德水准。通过参与社会公益活动，学生能够体验到帮助他人、关爱社会的快乐和满足感。这种体验可以培养学生的同情心、善良心，塑造他们的积极向上的人格品质，并且其通过引导学生形成积极的人生观和价值观，为他们的成长和发展提供了更为坚实和有意义的支持，这一举措不仅可以帮助学生树立正确的人生目标，更能够让他们更自信地迎接未来的挑战。引导学生形成积极的人生观和价值观，能够帮助他们更好地认识自我、认识社会，社会资源的整合可以引入不同领域的成功典范和人生经验，让学生了解不同人生道路的选择和可能性，通过与优秀人士的交流互动，学生可以受到积极的影响，形成积极向上的人生态度和价值取向，有助于提高他们的自我认知和自我管理能力，通过深入思考自己的兴趣、优势和目标，学生可以更清楚地了解自己，并制订相应的发展计划，这种自我认知能力有助于他们更好地作出人生规划，追求与自己价值观相符的职业和生活方式。在面对人生的挫折和困难时，积极的人生观可以使学生更有信心去应对，更有勇气去克服困难，社会资源的整合可以分享各种人生经验，让学生认识到人生并不是一帆风顺的，而是需要克服各种困难和挑战。引导学生形成积极的人生观和价值观，有助于培养他们的社会责任感和贡献意识，通过社会资源的分享，学生可以了解到成功人士不仅仅关注个人利益，更关注社会问题和社会责任，这种意识可以激发学生的社会参与热情，让他们愿意为社会的进步和改善贡献自己的力量，并且通过社会资源的分享，可以促进学生的自我认知与个人发展，为他们的未来规划和成就提供了更为深刻和有价值的指导，这一举措不仅可以帮助学生更好地了解自己的优势和兴趣，更能够使他们更明智地作出人生选择，有助于帮助他们更好地发现自己的优势和兴趣，使他们更准确地定位自己，选择与自己兴趣和优势相匹配的专业和职业。这种个人发展的指导不仅有助于学生的个人成长，更能够为他们的未来发展和社会贡献提供有力支持。

参 考 文 献

[1] 左勇超. 新时代高校建构"大思政"育人模式论析 [J]. 中学政治教学参考，2023（41）：100.

[2] 范光宇. 行走的思政课：高职"大思政课"建设的多重逻辑与实践路径 [J]. 职教通讯，2023（11）：67-73.

[3] 朱思慧，赵宝新."大思政课"背景下高校思政课实践教学现状及对策：基于对调查问卷的分析 [J]. 科教导刊，2023（31）：122-125.

[4] 许淋萍，杨德兴."大思政"格局下农业高职院校课程思政育人体系的融合策略研究 [J]. 智慧农业导刊，2023，3（21）：125-128，133.

[5] 董慧，王瑞，张欢."大思政"格局下实践育人模式的探索与实践：以江苏农林职业技术学院为例 [J]. 现代职业教育，2023（31）：117-120.

[6] 康丹丹，温小平."大思政课"建设背景下思想政治教育空间变革与优化 [J]. 黑龙江高教研究，2023，41（11）：114-119.

[7] 胥刚，张建华. 基于新时代立德树人视域下高校"大德育"工作的思考 [J]. 攀枝花学院学报，2023，40（6）：99-107.

[8] 张文祥. 大思政课视域下法学实践课程建设研究：以仰恩大学为例 [J]. 黑龙江教师发展学院学报，2023，42（11）：63-66.

[9] 赵迎迎."大思政"格局下思政课程与课程思政协同育人的路径研究 [J]. 科学咨询（科技·管理），2023（11）：238-241.

[10] 张秀军. 大数据环境下高校教育管理工作创新思考 [J]. 中国科技论文，2023，18（11）：1285-1286.

[11] 刘瑛. 大思政视域下艺术设计专业硕士中国画美育探析 [J]. 艺海，2023（11）：80-84.

[12] 王鹭. 党的二十大精神融入"大思政课"路径探究 [J]. 秦智，2023（11）：70-72.

[13] 卫启星，卓高生. 高职"大思政课"实践教学现状及体系构建研究 [J]. 湖北开放职业学院学报，2023，36（21）：108-111.

[14] 高春艳，谢秀芹. OBE教育理念下应用型本科高校课程思政教学改革研究：以《宏观经济学》课程为例 [J]. 湖北开放职业学院学报，2023，36（21）：95-97.

[15] 胡阿刚. "大思政"视域下独立学院育人模式研究 [J]. 鄂州大学学报，2023，30（6）：34-36.

[16] 俞娜. 乡村振兴战略下高校"大思政"实践基地育人路径研究 [J]. 品位·经典，2023（21）：88-90.

[17] 尹铂淳，贺珊婷. "大思政"格局下党史学习教育融入大学英语教学的必要性及实现路径 [J]. 长沙大学学报，2023，37（6）：103-107.

[18] 王凤清，王元，相华文. 高校辅导员融入"大思政课"的价值意蕴和实践进路 [J]. 产业与科技论坛，2023，22（22）：239-242.

[19] 黄飞剑. 论地方历史名人文化促进高职院校大思政构建的路径：以无锡地区为例 [J]. 大众文艺，2023（21）：209-211.

[20] 叶亿豪，潘雨顾. "大思政"视域下推进高校马克思主义大众化教育路径探究 [J]. 科学咨询（教育科研），2023（11）：57-59.

[21] 孙晓英，刘浩宇. "大思政课"视域下国际化人才核心价值观培养路径研究 [J]. 河南教育（高等教育），2023（11）：29-31.

[22] 彭庆红. 数字化推动"大思政课"建设的依据、原则与路径 [J]. 思想理论

教育导刊，2023（11）：96-104.

[23] 陶洁，左其亭，马细霞. 大思政新工科背景下工科专业课课程思政教学路径探索：面向新时代本硕一体化水利人才培养模式 [J]. 河南教育（高等教育），2023（11）：71-73.

[24] 刘小雨，刘辉. 大思政视域下的优秀传统文化融入课程思政的路径 [J]. 安徽警官职业学院学报，2023，22（6）：98-101.

[25] 耿帮才. 民办高校思政课与党建协同创新模式研究 [J]. 湖北第二师范学院学报，2023，40（11）：9-13.

[26] 魏云豹. 弘扬教育家精神提升大思政育人成效的路径探析：评《特立精神研究与育人实践》[J]. 科技管理研究，2023，43（22）：244-245.

[27] 叶蓉."大思政课"的深刻内涵与建设思路探析 [J]. 无锡职业技术学院学报，2023，22（6）：69-72.

[28] 谭志敏，张齐学. 新时代"大思政课"建设的系统审视 [J]. 华南师范大学学报（社会科学版），2023（6）：157-165，208.

[29] 毛玲玲，周云. 变革、理路、实践：智能媒体赋能高校思政教育探析 [J]. 黑龙江生态工程职业学院学报，2023，36（6）：108-112，118.

[30] 张俊萍. 大思政背景下高职院校"三全育人"新模式的探索与实践：以新疆交通职业技术学院为例 [J]. 西部素质教育，2023，9（22）：22-25.

[31] 杜佳荣，林宏彬."大思政课"视域下北京教育资源融入思政课教学的研究：以北京联合大学为例 [J]. 北京联合大学学报，2023，37（6）：12-18.

[32] 胡宇喆，陈一玮. 红色家书与"大思政课"深度融合的逻辑思考 [J]. 华北理工大学学报（社会科学版），2023，23（6）：86-91.

[33] 王晓蕾，杨芳，齐再前."大思政"格局下应用型大学新文科育人模式探索 [J]. 北京联合大学学报，2023，37（6）：31-37.

[34] 田润东，姜威."大思政"格局下优化高校微信公众号思政育人功能策略探赜：基于 SWOT 分析 [J]. 通化师范学院学报，2023，44（11）：108-

114.

[35] 景佳妮. 大数据背景下的高校思政教学改革策略探讨 [J]. 公关世界，2023（22）：66-68.

[36] 刘影. 论"大思政课"实践性的逻辑理路 [J]. 赤峰学院学报（汉文哲学社会科学版），2023，44（11）：81-85.

[37] 李静思，阮一帆. 大数据赋能高校精准思政实践理路探析：以中国地质大学（武汉）为例 [J]. 中学政治教学参考，2023（44）：31-34.

[38] 南丹."大思政课"视域下高职院校思政课教学模式现代化研究 [J]. 品位·经典，2023（22）：65-67.

[39] 刘兰财，宋巨华，李华飞. 大思政视域下高校体育课程思政的理论起点、价值内涵和践行方向 [J]. 当代体育科技，2023，13（33）：144-148.

[40] 赵超. 大思政背景下高校学生骨干培养模式思考 [J]. 品位·经典，2023（22）：53-56.

[41] 陈慧. 善用"大思政课"推动思政课改革创新研究：以"思想道德与法治"课程为例 [J]. 品位·经典，2023（22）：72-74.

[42] 耿品."大思政课"建设中高校辅导员的角色定位与实现路径 [J]. 思想教育研究，2023（11）：136-142.

[43] 邓莉莉."大思政"背景下高校专业课课程思政教学实施路径研究：以社区社会工作课程为例 [J]. 品位·经典，2023（22）：57-60.

[44] 武婷婷."大思政课"视域下高职生态文明教育协同创新研究 [J]. 环境教育，2023（11）：60-63.

[45] 杜敏. 大思政背景下电子商务专业育人的实践探讨 [J]. 太原城市职业技术学院学报，2023（11）：101-104.

[46] 陆洋."大思政课"背景下高校思想政治理论课与艺术内涵相融合的实践探索：以北京印刷学院为例 [J]. 北京印刷学院学报，2023，31（11）：64-67，78.

[47] 王丹,刘炳胜,汪涛."大思政课"背景下科研育人路径探索:以公共管理学科为例[J].中国高校科技,2023(11):48-52.

[48] 陈琳.大数据时代高校精准思政的价值意蕴、现实困境和实施路径[J].湖南人文科技学院学报,2023,40(6):117-123.

[49] 徐晨璐."大思政理念"赋能大学生就业观正向引导的原理与路径[J].四川劳动保障,2023(11):92-93.

[50] 刘娟.大思政视域下大学生就业指导课程创新路径探索[J].四川劳动保障,2023(11):30-31.

[51] 郭志敏,张佳.善用"大思政课"铸牢中华民族共同体意识[J].中国军转民,2023(22):158-159.

[52] 王应明,王丹,何斯荣."大思政"教育格局下医学专业研究生科研育人体系的特点、问题及实施路径探索[J].卫生职业教育,2023,41(23):1-4.

[53] 李芬.基于"大思政课"理念的艺术类课程思政教学实践与思考:以中外设计史为例[J].科教文汇,2023(22):135-138.

[54] 沈锦华."大思政课"视域下区域优秀文化资源开发探析[J].佳木斯职业学院学报,2023,39(11):124-126.

[55] 杨禧尧,马文婷.红色文化融入高校"大思政"格局的价值意蕴与实现路径[J].红河学院学报,2023,21(6):112-115,123.

[56] 张小平,王超.习近平文化思想融入高校"大思政课"探赜[J].中国高等教育,2023(23):30-33.

[57] 刘邦华,左伟.新时代全媒体赋能高校大思政课建设的路径探究[J].经济师,2023(12):167-169.

[58] 叶柳青."大思政"育人格局下残疾大学生资助育人路径探究[J].职业教育,2023,22(34):7-10.

[59] 申小蓉,潘云宽.大数据时代高校精准思政的主要特征、运行机制和实践策略[J].学校党建与思想教育,2023(23):15-19.

[60] 孙笑."新时代大思政"理念下影视类高校新闻理论课程思政创新路径：以新闻学概论课程思政建设为例 [J]. 西部广播电视，2023，44（23）：66-69.

[61] 吴铁军，殷珂. 人文素质教育视角下高校外语教师专业发展的困境与前路 [J]. 牡丹江大学学报，2023，32（12）：91-98.

[62] 刘晓兰. 红色经典美术作品融入"大思政课"的价值意蕴与实践探索 [J]. 红色文化学刊，2023（4）：77-83，111.

[63] 何林贵. 大数据背景下的高校思政教学改革探讨 [J]. 教育教学论坛，2023（49）：75-78.

[64] 胡皓月."大思政"视域下推进大学生劳动教育的逻辑价值、现实困囿与破解路径 [J]. 林区教学，2023（12）：95-100.

[65] 曾振城."大思政"视域下思想政治工作的路径探析 [J]. 漳州职业技术学院学报，2023，25（4）：25-30.

[66] 高伟. 新时代高校"大思政"工作针对性、有效性、创新性研究：《新时代高校思政育人体系建设研究》[J]. 科技管理研究，2023，43（23）：278.

[67] 刘平. 网络环境下高校"大思政课"构建的现实价值和实践路径研究 [J]. 兰州职业技术学院学报，2023，39（6）：26-29.

[68] 梁晓祺."大思政"视域下高职院校"一站式"学生社区实践育人路径探析 [J]. 教育观察，2023，12（35）：62-64.

[69] 潘倩."大思政课"视域下高校思政课开展红色实践教学的探索：以南通师范高等专科学校为例 [J]. 南通职业大学学报，2023，37（4）：47-50.

[70] 李丹."大思政课"视域下大学生"四个正确认识"教育引导体系研究 [J]. 河南牧业经济学院学报，2023，36（6）：85-88.

[71] 宋晓东."大思政课"视域下高校思想政治理论课的实践维度 [J]. 东华大学学报（社会科学版），2023，23（4）：101-106.

[72] 马俊华. 中国共产党人精神谱系融入高职院校"大思政课"的理与路 [J]. 品位·经典,2023(23):89-91.

[73] 吕宏山,曹圆慧. 新时代文明实践志愿服务融入"大思政课"的理论逻辑、基本思路与实施路径 [J]. 中国志愿服务研究,2023,4(4):1-22,218.

[74] 王守民,张鹏. 高校共青团工作融入"大思政"格局的探索 [J]. 产业与科技论坛,2023,22(24):237-239.

[75] 华苗. 新时代高校"大思政"圈层式协同育人评价改革研究 [J]. 秦智,2023(12):86-89.

[76] 刘婧婧,王文君. 新时代强化高校图书馆课程思政建设研究 [J]. 河南图书馆学刊,2023,43(12):59-61.

[77] 李祥永,李晓庆. "大思政"格局下高校党建育人工作路径研究 [J]. 上海理工大学学报(社会科学版),2023,45(4):403-407.

[78] 赵佳策,刘祉曜. "大思政"格局下高校共青团组织发挥生力军作用的路径和载体研究 [J]. 世纪桥,2023(12):38-40.

[79] 黄丹,黄凯健,李成林. "大思政课"视域下我国高校图书馆思想政治教育实现路径研究 [J]. 文献与数据学报,2023,5(4):3-15.

[80] 周美霞. 大思政格局下高校融媒体中心建设实践限度和优化进路 [J]. 常州工学院学报,2023,36(6):80-86.

[81] 王翔,刘源. 中国共产党人精神谱系融入高校"大思政课"建设的多维论析 [J]. 湖南第一师范学院学报,2023,23(6):83-90.

[82] 韩玉芳,孙振超,李文斌. "大思政课"背景下高职院校"四史"教学的时代价值、现实困境及突破路径 [J]. 高教论坛,2023(12):81-84.

[83] 高彩琴. 基于大数据时代高校思政课教学守正创新研究 [J]. 陕西教育(高教),2024(1):46-48.

[84] 林于良. 高校"大思政课"实践教学改革的意义和策略 [J]. 江苏经贸职业

技术学院学报，2023（6）：86-89.

[85] 陈彩虹."大思政课"视野下提升高校思政课新进教师教学能力研究 [J]. 现代职业教育，2023（29）：102-105.

[86] 杨明. 以事叙理：新时代高校思政课改革创新与实践路径探索：基于四川大学讲好"四个故事"实践的研究 [J]. 黑龙江教师发展学院学报，2023，42（10）：43-46.

[87] 陈冬颖，张传霞，温朝芳."大思政课"背景下"中国近现代史纲要"课程教学改革与实践 [J]. 品位·经典，2023（19）：151-153.

[88] 贺林. 基于大数据的高校思政教育实践教学创新策略 [J]. 淮南职业技术学院学报，2023，23（5）：13-15.

[89] 阮森，姜宇超. 高校"大思政课"建设中加强道德实践的思考 [J]. 领导科学论坛，2023（10）：137-141.

[90] 张雪晴."大思政课"背景下红色文化融入高校思政课路径研究 [J]. 工业技术与职业教育，2023，21（5）：82-86.

[91] 逯爽. 充分发挥大学生理论宣讲团作用 助力构建"大思政课"育人格局 [N]. 山西科技报，2023-10-17.

[92] 孙明慧. 大思政课视域下高校"概论"课融合式教学改革探究：以党的二十大精神融入为例 [J]. 中国医学教育技术，2023，37（5）：624-627.

[93] 沈晓海. 立德树人中心环节与高校"大思政"教育体系构建 [J]. 高校辅导员，2018（1）：39-44.

[94] 李慕堂，罗海燕."大思政"是推进文化自信的重要抓手 [J]. 天水师范学院学报，2018，38（1）：108-111.

[95] 李鹏."大思政"格局下高校共青团思想引领的应然方位 [C]// 新时代 新思想 新学术 新实践：全国学校共青团 2018 年学术年会优秀论文集，2018：5-12.

[96] 高扬."大思政"格局下高校共青团发挥思想引领的路径和方法探析 [J].

文化创新比较研究，2018，2（4）：1，3.

[97] 李骏，党波涛. 公共艺术课程融入高校"大思政"教育创新体系研究 [J]. 中国高等教育，2018（1）：30-32.

[98] 谢有长，宁陶."大思政"教育观下加强五年一贯制学生思政工作的探讨 [J]. 太原城市职业技术学院学报，2018（1）：66-68.

[99] 程晨. 大思政背景下思政教学改革的探索与实践 [J]. 山西农经，2017（24）：116.

[100] 杜娟，丁逸群，杨宏杰. 多维再造：大思政格局下高校共青团改革的创新路径 [J]. 青少年研究与实践，2018，33（1）：72-77.

[101] 吴冬平，徐哲民. 大思政理念下专业课课程思政改革研究 [J]. 科技视界，2018（8）：107-108.

[102] 赵丽娟. 大数据视域下高校思想政治教育的改进措施 [J]. 现代职业教育，2018（7）：133.